姜蒙 ◎ 编

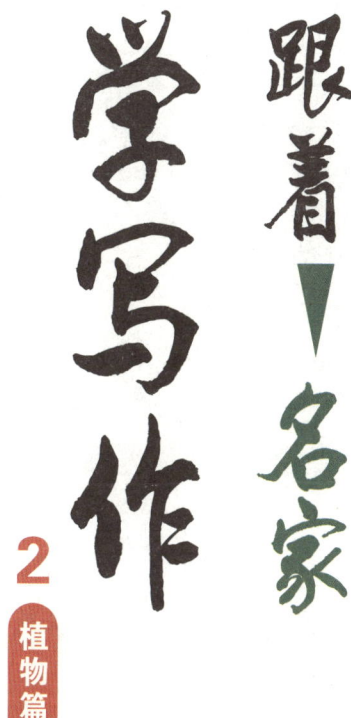

跟着名家学写作 2 植物篇

民主与建设出版社
·北京·

© 民主与建设出版社，2024

图书在版编目（CIP）数据

跟着名家学写作.2,植物篇/姜蒙编.——北京：民主与建设出版社，2024.7

ISBN 978-7-5139-4610-0

Ⅰ.①跟… Ⅱ.①姜… Ⅲ.①作文课－中小学－教学参考资料 Ⅳ.①G634.343

中国国家版本馆CIP数据核字（2024）第095816号

跟着名家学写作 2 植物篇
GENZHE MINGJIA XUE XIEZUO 2 ZHIWU PIAN

编　　者	姜　蒙
责任编辑	彭　现
装帧设计	大千妙象
出版发行	民主与建设出版社有限责任公司
电　　话	（010）59417749　59419778
社　　址	北京市朝阳区宏泰东街远洋万和南区伍号公馆4层
邮　　编	100102
印　　刷	三河市兴达印务有限公司
版　　次	2024年7月第1版
印　　次	2025年1月第1次印刷
开　　本	710毫米×1000毫米　1/16
印　　张	13.5
字　　数	104千字
书　　号	ISBN 978-7-5139-4610-0
定　　价	168.00元（全三册）

注：如有印、装质量问题，请与出版社联系。

目 录

爬山虎的脚 · 叶圣陶 / 001

荷 花 · 叶圣陶 / 014

荷塘月色（节选）· 朱自清 / 025

落花生 · 许地山 / 035

葡萄月令（节选）· 汪曾祺 / 046

蜡梅花 · 汪曾祺 / 060

养 花 · 老舍 / 071

从百草园到三味书屋（节选）· 鲁迅 / 083

秋 夜 · 鲁迅 / 095

杨　柳（节选）· 丰子恺　/ 107

看　花（节选）· 朱自清　/ 118

梅花时节（节选）· 周瘦鹃　/ 130

装点严冬一品红 · 周瘦鹃　/ 143

茶花赋（节选）· 杨朔　/ 154

两株树（节选）· 周作人　/ 168

爱　竹 · 周作人　/ 180

园里的植物 · 周作人　/ 192

腊　叶 · 鲁迅　/ 203

名篇欣赏

爬山虎的脚

▲叶圣陶

学校操场北边墙上满是爬山虎。我家也有爬山虎，从小院的西墙爬上去，在房顶上占了一大片地方。

爬山虎刚长出来的叶子是嫩红色。不几天叶子长大，就变成嫩绿色。爬山虎在十月以前老是长茎长叶子。新叶子很小，嫩红色不几天就变绿，不大引人注意。引人注意的是长大的叶子。那些叶子绿得那么新鲜，看着非常舒服。那些叶子铺在墙上那么均匀，没有重叠起来的，也不留一点儿空隙。叶尖一顺儿朝下，齐齐整整的，一阵风拂过，一墙的叶子就漾起波纹，好看得很。

以前我只知道这种植物叫爬山虎，可不知道它怎么能爬。今年我注意了，原来爬山虎是有脚的。植物学上大概有另外的名字。动物才有脚，植物怎么会长脚呢？可是用处跟脚一个样，管它叫"脚"想也无妨。

爬山虎的脚长在茎上。茎上长叶柄儿的地方，反面伸出枝状的六七根细丝，每根细丝头上长个小圆球儿。细丝和小圆球儿跟新叶子一样，也是嫩红色。这就是爬山虎的脚。

爬山虎的脚触着墙的时候，小圆球就成了一个小吸盘。六七个圆圆的小吸盘就巴住了墙，枝状的细丝原先是直的，现在弯曲了，把爬山虎的嫩茎拉一把，使它紧贴在墙上。爬山虎就这样一脚一脚地往上爬。如果你仔细看那些细小的脚，你会想起图画上蛟龙的爪子。

爬山虎的脚要是没触着墙，不几天就萎了，后来连痕迹也没有了。触着墙的，细丝和小吸盘逐渐变成灰色。不要瞧不起那些灰色的脚，那些脚巴在墙上相当牢固，要是你的手指不费一点儿劲儿，休想拉下爬山虎的一根茎。

名家介绍

叶圣陶（1894—1988），名绍钧，字秉臣，后改字圣陶。中国作家、教育家、出版家、社会活动家。曾发表童话集《稻草人》和小说集《隔膜》《火灾》等。

名家写作课

神秘老师　　妙妙　　奇奇

同学们，我们知道绝大部分动物都有脚，动物的脚担负着站立、行走、奔跑、跳跃等功能。但是你们知道吗？有一种植物也有脚！

植物也有脚？是什么植物呢？

我猜，老师说的是爬山虎吧！

妙妙猜对了。今天，我们就一起来欣赏叶圣陶先生著名的散文《爬山虎的脚》，看看爬山虎到底是怎么用脚爬到墙上去的。与此同时，学习一下这篇散文描写植物的方法。

这篇散文，我们在语文课上学过呢！

是的，《爬山虎的脚》被选入了语文教材。既然大家学过，那先来说说这篇散文的主题吧。

《爬山虎的脚》主要描写了爬山虎生长的地方、爬山虎的叶子、爬山虎脚的形状和特点，以及它是如何一步一步往上爬的，表达了作者对爬山虎的喜爱之情。

说得太好了，看来妙妙对这篇散文理解得很透彻。叶圣陶先生不仅描写了爬山虎的叶子、脚的形状和特点，还仔细描写了爬山虎是如何用脚爬墙的。

老师，我有个疑问，散文的标题明明是"爬山虎的脚"，为什么不直接写脚，而先写叶子呢？

实际上，这恰巧凸显出了作者在构思上的独特匠心。大家想一想，作者之所以能够看到"那些叶子铺在墙上那么均匀""叶尖一顺儿朝下，齐齐整整的""一墙的叶子就漾起波纹，好看得很"这些美丽的画面，都是因为爬山虎靠脚爬到了墙上，**从侧面表现出爬山虎的脚的作用**。另外，由于爬山虎的脚隐藏在叶子之下，作者先写叶子后写脚，**符合正常的观察顺序**。

原来作者是有意为之啊，写作思路真是太妙了。

是呀。不知道大家注意到没有，作者在描写叶子的时候有很多讲究呢。**比如作者分别从叶子的颜色和形状两方面来展示叶子的特点**。颜色的特点是由嫩红到嫩绿，"绿得那么新鲜"；而形状的特点是"一顺儿朝下""铺在墙上那么均匀"。通过细致入微的描写，生动形象地把叶片的样子展现在我们眼前，让人读起来好像亲眼看到一样。

哇，作者观察得真细致！

那当然啦，通过今天的学习，我们应该像作者一样留心周围的事物，用准确、生动的词语，抓住事物的特点来描写事物。最后，我们再来梳理一下这篇散文的思路。

- 爬山虎的脚
  - 叶子
    - 颜色
      - 由嫩红到嫩绿
      - 绿得那么新鲜
    - 形态
      - 铺在墙上那么均匀
      - 叶尖一顺儿朝下
  - 脚
    - 形态
      - 反面伸出枝状的六七根细丝
      - 每根细丝头上长个小圆球儿
    - 颜色
      - 细丝和小圆球儿跟新叶子一样，也是嫩红色
      - 逐渐变成灰色
    - 攀爬
      - 六七个圆圆的小吸盘就巴住了墙，枝状的细丝原先是直的
      - 现在弯曲了，把爬山虎的嫩茎拉一把，使它紧贴在墙上

一、思路点拨

神秘老师

同学们，通过学习这篇散文，我们不难发现，想要把一株植物描写得细致又生动，观察是必不可少的。大家听说过法布尔吗？

当然啦，他是一位昆虫学家，我读过他写的《昆虫记》。

神秘老师

法布尔就是个善于观察的能手，他在写《昆虫记》期间，经常观察各种小昆虫的生活，比如蟋蟀筑巢。他每天把观察到的昆虫的活动记录下来，就像写日记一样，这样日积月累，就能完全掌握昆虫的特点。实际上，我们在描写植物的时候，也可以通过这种写观察日记的方式来记录。

什么是观察日记呢？

神秘老师

观察日记是对观察到的事物进行记录的日记。我们可以在一段固定的时间内，仔细观察想要描写的对象，把它在这段时间内发生的所有变化，用日记的形式记录下来。日记的内容要有联系，如果涉及事件要叙述完整。这样做就像写了一部关于植物的电影脚本。

妙妙

哇，听起来很有意思的样子。老师，写观察日记有什么好处呢？

神秘老师

写观察日记，最重要的作用就是能让我们准确了解描写对象的特点和生长过程。此外，还可以培养我们对事物的观察兴趣和养成认真、持久观察事物的习惯。想要描写一种事物，首先要观察，然后对它有所了解，最后提炼要点进行描写。而观察日记要完成的就是第一步。假如让你们来写观察日记，你们会观察什么呢？

我会观察爸爸养的绿萝。

我要自己种花，从种子开始观察，直到它发芽、开花。

你们选的都很好。写观察日记时，首先要确定描写对象，可以是家里养的水仙，也可以是公园的桃花杏花，还可以是路边的花花草草。总之，可以观察的植物太多啦。接着选定一个时间段，围绕观察对象的变化展开观察。最后用日记的形式把观察到的内容记录下来。

二、技法指导

我会写观察日记啦，可是具体到观察植物的时候，应该从哪儿着手呢？

观察是有特殊的方法的，需要全面调动我们身体的感官，包括看、听、闻、触、想。

1. 看：用眼睛看植物的形态和颜色。
2. 听：用耳朵听植物发出的声音。
3. 闻：用鼻子闻植物的气味。
4. 触：用手触摸植物时的感觉。
5. 想：由植物引发的感想。

大家想一想，具体到一种植物，比如茉莉花，可以从哪些角度进行观察呢？

茉莉花的根、枝条、叶子、花朵。

可以观察它们的形状、颜色、姿态，还可以闻一闻花的香味。

神秘老师

大家说的都很对，总之，观察植物时，只要是五官能够感受到的，都可以写在观察日记中。

没想到，我们经常见到的植物，有这么多可以观察的地方呀！

神秘老师

大家平时虽然总见到，但没有仔细观察过。所以要描写植物，就要进行细致的观察，绝对不能按照自己的记忆去写观察日记，那样就不真实了。接下来我们说一下观察日记的种类，主要有两种：

1. 图文日记。
2. 表格日记。

图文日记,难道是漫画吗?

当然不是啦。图文日记就是文字和图片相互结合的日记。一般情况下,图文日记的格式是这样的:

观察对象的图片

观察日期和地点。
观察对象的颜色、形态等特点。

老师,我之前做过一次黄豆发芽的生物实验,如果把这个写成观察日记应该怎么写呢?

 **神秘老师**

黄豆发芽的过程，可以这么写：

黄豆发芽的过程

8月1日 第1天 阳台

我在阳台上的花盆里种了一颗黄豆，第一天没有任何变化。晚上做梦的时候，我梦到黄豆发芽了，一直长到了天上。我顺着豆芽爬到了天宫，见到了孙悟空。

8月3日 第3天 阳台

暗褐色的土里钻出两片椭圆形的嫩芽，这就是黄豆的子叶。子叶弯弯的，看起来是浅黄色的、水盈盈的。别看它很柔弱的样子，它可是把土顶开了，算是一个大力士呢！

8月5日 第5天 阳台

今天，我的豆苗长出了两片叶子，绿绿的、直直的，叶子上挂着我刚才喷洒的水珠，在阳光下晶莹剔透，就好像一个美丽的少女捧着一颗珍珠。

8月7日 第7天 阳台

今天，我的豆苗变得直挺挺的，叶子也长大了，里面还包裹着小叶子，好像大叶子的孩子似的。叶子是绿色的，很小。而叶子下边是子叶，已经枯萎了。听老师说，豆苗吸收了它的营养，原来它就是豆子发芽时的营养器官！

图文日记看起来很有意思呀,把豆子萌发的全部过程都写下来了。

神秘老师

没错。接下来我们说第二种,表格日记。其实表格日记就是把图文的记录变成表格的形式。

观察对象	图片	日期、地点	形态	生长过程
黄豆发芽的过程	一颗黄豆种在土里	8月1日 第1天 阳台	无,0厘米	无任何变化。
	土中有椭圆形的嫩芽	8月3日 第3天 阳台	状态:弯弯的,浅黄色 高度:0.5厘米	暗褐色的土里钻出两片椭圆形的嫩芽。
	豆苗上长出两片叶子	8月5日 第5天 阳台	状态:两片绿叶子 高度:5.5厘米	豆苗长出了两片叶子,绿绿的、直直的。
	绿色的豆苗	8月7日 第7天 阳台	状态:叶子是绿色的,也长大了 高度:9厘米	豆苗变得直挺挺的,叶子也长大了,里面还包裹着小叶子,是绿色的,很小。叶子下边是子叶,已经枯萎。

012

写作练笔

同学们,通过今天的学习,你们掌握观察日记的写作方法了吗?快拿起笔,试一试吧!

1. 你最想观察什么植物呢?
2. 拿起笔来,用心记录你的观察结果!

老师/家长点评

名篇欣赏

荷 花

▲叶圣陶

今天清早进公园,我闻到一阵清香,就往荷花池边跑。荷花已经开了不少了。荷叶挨挨挤挤的,像一个个大圆盘,碧绿的面,淡绿的底。白荷花在这些大圆盘之间冒出来。有的才展开两三片花瓣。有的花瓣全都展开了,露出嫩黄色的小莲蓬。有的还是花骨朵儿,看起来饱胀得马上要破裂似的。

这么多的白荷花,有姿势完全相同的吗?没有,一朵有一朵的姿势。看看这一朵,很美,看看那一朵,也很美,都可以画写生画。我家隔壁张家挂着四条齐白石老先生的画,全是荷花,墨笔画的。我数过,四条总共画了十五朵,朵朵不一样,朵朵都好看。如果把眼前这一池的荷叶荷花看作一大幅活的画，那画家的本领比齐白石老先生更大了。那画家是谁呢……

我忽然觉得自己仿佛就是一朵荷花。一身雪白的衣裳，透着清香。阳光照着我，我解开衣裳，敞着胸膛，舒坦极了。一阵风吹来，我就迎风舞蹈，雪白的衣裳随风飘动。不光是我一朵，一池的荷花都在舞蹈呢，这不就像电影《天鹅湖》里许多天鹅一齐舞的场面吗？风过了，我停止舞蹈，静静地站在那儿。蜻蜓飞过来，告诉我清早飞行的快乐。小鱼在脚下游过，告诉我昨夜做的好梦……

周行、李平他们在池对岸喊我，我才记起我是我，我不是荷花。

忽然觉得自己仿佛是另外一种东西，这种情形以前也有过。有一天早上，我在学校里看牵牛花，朵朵都有饭碗大，那紫色鲜明极了，镶上一道白边儿，更显得好看。我看得出了神，觉得自己仿佛就是一朵牵牛花，朝着可爱的阳光，仰起圆圆的笑脸。还有一回，我在公园里看金鱼，看得出了神，觉得自己仿佛就是一条金鱼。胸鳍像小扇子，轻轻地扇着，大尾巴比绸子还要柔软，慢慢地摆动。水里没有一点儿声音，静极了，静极了……

我觉得这种情形是诗的材料,可以拿来作诗。作诗,我要试试看——当然还要好好地想。

名家写作课

神秘老师　　妙妙　　奇奇

老师，自从上次学习了《爬山虎的脚》之后，我用观察日记的方式写了一篇关于荷花的作文，但语文老师说我虽然把荷花描写得很到位，叶子、花瓣、莲蓬写得都很好，但缺乏趣味性。趣味性指的是什么呀？

趣味性有很多种，今天老师教你一种增强文章趣味性的方法——动静结合。动静结合就是同时描写静态的事物，让静景和动景相辅相成，相映成趣，相得益彰。这样能使文章更加生动活泼，赋予静态事物以生命力。动静结合的写法最适合写景状物。

哇，我也想学。

好，今天我们就以叶圣陶先生的另一篇文章《荷花》为例子，一起学习一下动静结合的写法。首先我们看看前两个自然段写了什么。

第一自然段和第二自然段主要描写了荷花，分别从荷香、荷叶和荷花三个方面描写的。

第一自然段开篇第一句话"一阵清香"写的是荷香,"清"字不仅体现了荷花的淡雅,而且表现出荷花香味的缥缈和持久,有种沁人心脾的感觉。紧接着作者写荷叶"挨挨挤挤的",表明荷叶很多,"像一个个大圆盘,碧绿的面,淡绿的底"运用比喻手法写出了荷叶的样子和颜色,这两句话把荷叶繁茂碧绿的特点写了出来。

很好。那作者是怎么描写荷花的呢?

"有的才展开两三片花瓣"描写的是等待绽放的荷花,"露出嫩黄色的小莲蓬"写的是刚刚绽放的荷花,"有的还是花骨朵儿"写的是还未绽放的荷花。三句话分别描写了荷花的三种状态,简练而又准确。接下来第二自然段用水墨画举例子,凸显出荷花的姿势各异。

妙妙总结得很准确。作者在描写荷香、荷叶和荷花的时候,都是用的静态描写,也就是荷花没动的时候的样子。这和我们上次学习《爬山虎的脚》的方法一样,通过仔细观察,描摹植物的外貌形态。静态描写就像画素描,只能描写得很像,但缺乏趣味性。如果想让描写变得有趣,就要把静态的素描变成动画。那接下来,大家找一找作者是如何描写荷花的动态的。

第三自然段作者写自己变成了荷花,自己和一池荷花迎风舞蹈,这算是描写荷花的动态吗?

奇奇，第三自然段其实是运用了拟物的修辞手法，写的依然是荷花。"我解开衣裳，敞着胸膛"写的是荷花盛开，"我就迎风舞蹈"写的是荷花在微风的吹拂下左右摇曳。

这样就把荷花一下子写活了，再也不像静态描写那么呆板了。

你们还漏掉了一些。后边作者还写到了"蜻蜓飞过来""小鱼在脚下游过"，这些也是动态描写。动态描写把荷花随风摇摆、顾盼生姿的样子描写得活灵活现，就像一位水中仙子。文章一下子就变得生动活泼了。这就是动态描写的妙处。最后让我们总结一下文章的思路吧！

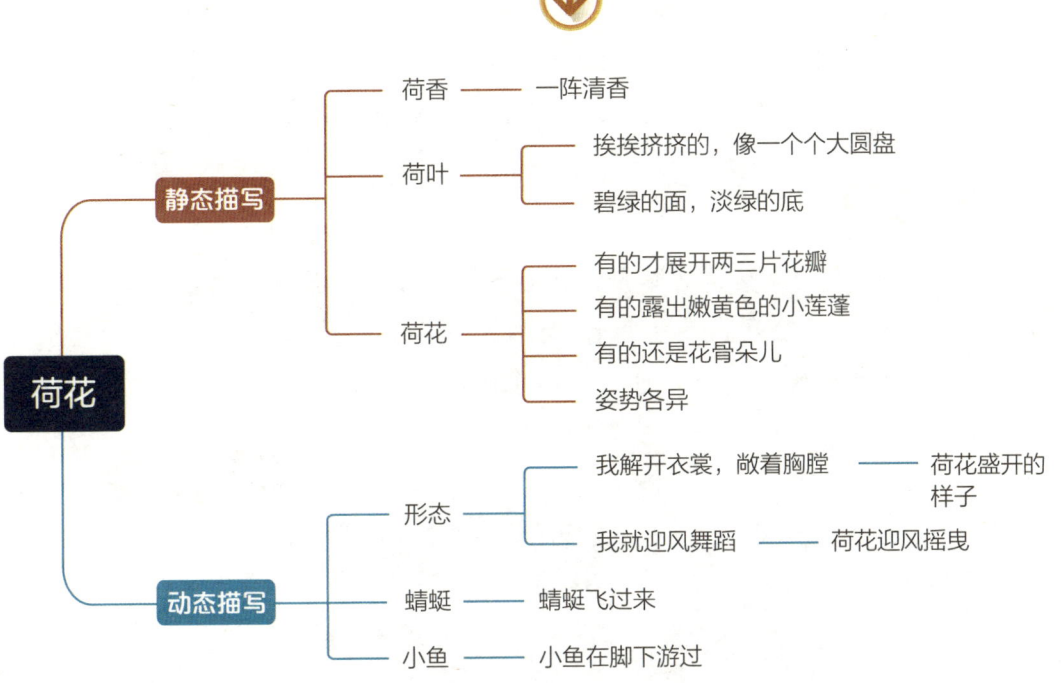

一、思路点拨

动静结合就是既写静态,又写动态,很简单嘛!

话虽如此,但运用动静结合的写法时有两点需要注意。

1. 静态为主,动态为辅。
运用动静结合的写法描写植物,静态是主要的,动态是次要的。静态描写主要是展示植物的样貌,而动态描写是为了增加趣味性。

2. 用其他动态事物衬托。
描写植物时动态描写要多样化,不能只写"清风徐来",也可以借助其他动物的活动来增加文章的趣味性。

比如《荷花》这篇文章里,就描写了蜻蜓和小鱼的活动。另外,描写公园里的植物时,可以写麻雀、蝉、螳螂的活动。描写家里的绿植时,可以写小猫小狗的活动。

妙妙说得很全面。另外,有的时候也可以描写人的活动。比如很多同学都写过公园里的杨柳或者牡丹花,这时除

了写麻雀、蝉之外，还可以描写游人的歌舞、拍照等活动，都是增加趣味性的动态描写。

二、技法指导

 神秘老师

我们今天学习的是动静结合中的"先静后动"，此外，动静结合还有以下几种：

1. 化静为动。
2. 化动为静。
3. 以动衬静。

 奇奇

化静为动？难道静态描写还能写成动态的吗？

 神秘老师

我来举个例子吧。大家见过紫藤萝吗？紫藤萝是一种藤蔓植物，春季开紫色的小花，一丛丛、一簇簇挂在藤架上。如果要描写紫藤萝，可以这么写：

紫藤萝安安静静地垂在藤架上，好像谁打翻了紫色墨水一样，到处晕染开来。从远处看，一片淡紫色又像是悬挂着的瀑布。

哇，真美呀！这个句子本来描写的只是垂挂在藤架上的藤萝花的静态，然而把紫藤萝比喻成瀑布，一下子就生动了，增加了趣味性。

哦，我明白了。那么化动为静又是怎么用的呢？

化动为静就是把化静为动反过来。不过化动为静往往描写的是原本就是动态的事物，比如李白著名的《望庐山瀑布》里的名句"遥看瀑布挂前川"，这里把瀑布比喻成静止的布挂在山前，把动态的瀑布写成静态的。

第三种以动衬静，让我想到了学习描写小动物的时候学到的衬托手法，其实就是用动态衬托静态。

没错，举个例子，比如很多同学在作文里都写过"树叶发出哗啦啦的声音"这样的句子。假如情境是夜晚幽静的湖边，"树叶发出哗啦啦的声音"这个动态描写就衬托出了湖边的"静"。

 奇奇

感觉用"树叶的动"衬托"湖边的幽静",比直接写"湖边十分幽静"高级了很多呢!

 神秘老师

没错,这就是动静结合写法的好处,能让平淡无奇的描写变得生动有趣。

写作练笔

　　同学们，通过今天的学习，你们掌握动静结合的写法了吗？快拿起笔，试一试吧！

　　1. 描写你常去的公园里的一株花或者一棵树。
　　2. 在描写花或者树的时候，试着加入人物、小鸟的动态描写。

老师/家长点评

名篇欣赏

荷塘月色 (节选)

▲朱自清

曲曲折折的荷塘上面，弥望的是田田的叶子。叶子出水很高，像亭亭的舞女的裙。层层的叶子中间，零星地点缀着些白花，有袅娜地开着的，有羞涩地打着朵儿的；正如一粒粒的明珠，又如碧天里的星星，又如刚出浴的美人。微风过处，送来缕缕清香，仿佛远处高楼上渺茫的歌声似的。这时候叶子与花也有一丝的颤动，像闪电般，霎时传过荷塘的那边去了。

叶子本是肩并肩密密地挨着，这便宛然有了一道凝碧的波痕。叶子底下是脉脉的流水，遮住了，不能见一些颜色；而叶子却更见风致了。

月光如流水一般，静静地泻在这一片叶子和花上。

薄薄的青雾浮起在荷塘里。叶子和花仿佛在牛乳中洗过一样；又像笼着轻纱的梦。虽然是满月，天上却有一层淡淡的云，所以不能朗照；但我以为这恰是到了好处——酣眠固不可少，小睡也别有风味的。月光是隔了树照过来的，高处丛生的灌木，落下参差的斑驳的黑影峭楞楞如鬼一般；弯弯的杨柳的稀疏的倩影，却又像是画在荷叶上。塘中的月色并不均匀；但光与影有着和谐的旋律，如梵婀玲上奏着的名曲。

荷塘的四面，远远近近，高高低低都是树，而杨柳最多。这些树将一片荷塘重重围住；只在小路一旁，漏着几段空隙，像是特为月光留下的。树色一例是阴阴的，乍看像一团烟雾；但杨柳的丰姿，便在烟雾里也辨得出。树梢上隐隐约约的是一带远山，只有些大意罢了。树缝里也漏着一两点路灯光，没精打采的，是渴睡人的眼。这时候最热闹的，要数树上的蝉声与水里的蛙声；但热闹是它们的，我什么也没有。

名家 介绍

朱自清（1898—1948），原名自华。中国散文家、诗人、古典文学学者。1923年发表长诗《毁灭》，后又从事散文写作。著有诗集《雪朝》（与人合作），诗文集《踪迹》，散文集《背影》《欧游杂记》《你我》《伦敦杂记》，文艺论著《诗言志辨》《论雅俗共赏》等。

名家写作课

 神秘老师  妙妙  奇奇

老师，不久前您给我们讲了叶圣陶先生的《荷花》之后，我又读了朱自清先生的《荷塘月色》，我觉得《荷塘月色》写得太美啦，但又说不好哪里美！

朱自清先生的《荷塘月色》是散文名篇，它的美体现在很多方面：画面美、韵律美、修辞美等。既然说到了这篇文章，那今天我们就一起欣赏一下它的修辞美。《荷塘月色》运用了大量的修辞，此外还有一种特别的写作方法——**五感法**。

五感是触觉、听觉、视觉、嗅觉和味觉吗？我记得老师之前讲过用五感进行观察。

没错，**五感就是触觉、听觉、视觉、嗅觉和味觉五种感觉，而五感法就是运用这五种感觉，巧妙描写人物、场景、情感等**。接下来就让我们进入荷塘，去欣赏月色吧！我来提示一下，我节选的部分运用了视觉、嗅觉和听觉三种感觉。大家分别来找一找吧！

我来说视觉,第一至三自然段,分别写到了荷叶、荷花和月光。"叶子出水很高,像亭亭的舞女的裙"写的是荷叶的风姿;"有袅娜地开着的,有羞涩地打着朵儿的""正如一粒粒的明珠,又如碧天里的星星"写的是荷花的情态;"如流水一般"写的是月光的温润;"仿佛在牛乳中洗过一样"写的是荷叶和荷花在月光下的姿容;还有"像闪电般,霎时传过荷塘的那边去了"写的是荷叶和荷花的颤动。

很好,这些都是视觉描写。接下来让我们看看这些句子运用的修辞手法。这些句子总共运用了三种修辞。

第一种是比喻。"出水很高,像亭亭的舞女的裙"把荷叶比喻成跳舞女孩的舞裙,非常形象生动。"正如一粒粒的明珠,又如碧天里的星星"把荷花比喻成明珠和星星,把连成片的荷叶比喻成碧蓝的天,充满了想象力。"如流水一般"是把月光比喻成倾泻而下的流水,不仅体现了月光的缥缈,还赋予了月光动态美,展现了化静为动的美学魅力。"又像笼着轻纱的梦"把月光比喻成轻纱,而把荷叶和荷花比喻成梦中的事物,充满了含蓄美。

第二种是拟人。"有袅娜地开着的,有羞涩地打着朵儿的"这句话用到了"袅娜""羞涩"两个词,这是人的姿态和神态,用到荷花上,恰如其分地写出了荷花初开时的情态。

第三种是通感。通感是在描述各项事物时,用形象的语言使感觉转移,将人的视觉、嗅觉、味觉、触觉、听觉等不同感觉互相沟通、交错,彼此挪移转换，将本来表示甲感觉的词语移用来表示乙感觉，使意象更为活泼、新奇的一种修辞格式。"如梵婀玲上奏着的名曲"其实写的是月光和树影的关系，本来是视觉，但作者却比作"名曲"，把视觉当作听觉来写，显得非常传神。

大家发现了吗？这些大部分都是静态描写，而"像闪电般，霎时传过荷塘的那边去了"这句属于动态描写。动静结合，让整个荷塘上的画面瞬间活络了起来。视觉分析完了，接下来我们来分析嗅觉和听觉。

我来说。嗅觉描写在第一自然段，"仿佛远处高楼上渺茫的歌声似的"是听觉描写，但前面的"微风过处，送来缕缕清香"，是嗅觉描写。作者说清香像歌声，这也是运用了通感的修辞手法，把嗅觉用听觉来写，不仅具体而且很有神韵。最后一自然段的"蝉声与水里的蛙声"是听觉描写，本来周围非常寂静，而作者唯独写蝉声与蛙声热闹，这是运用了以动衬静的写法。

奇奇总结分析得很棒。短短的几个段落里，作者运用了修辞手法、以动衬静的写法，以及五感法，所以才能写出如此优美的文章。最后我们总结一下文章的思路。

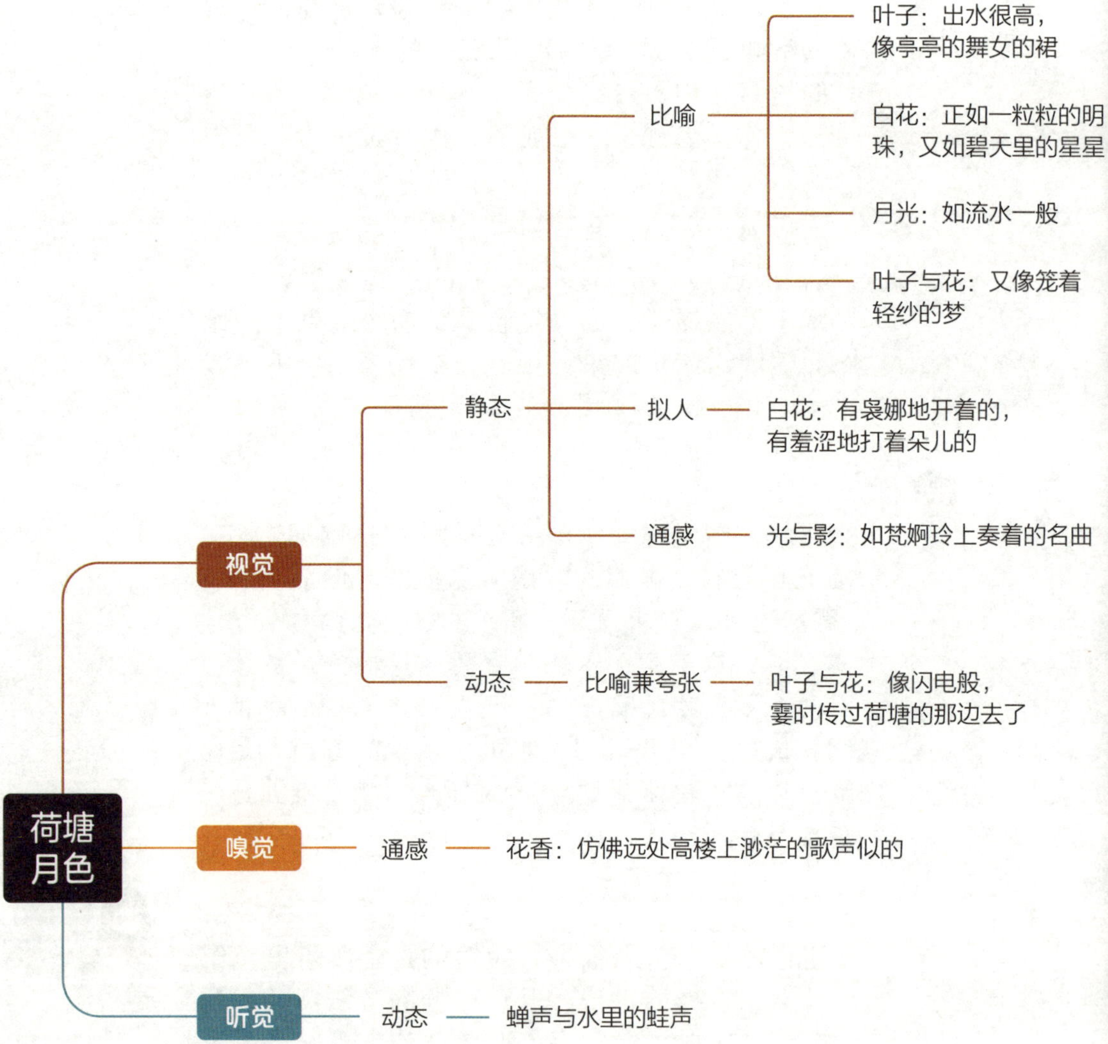

荷塘月色

- **视觉**
  - 静态
    - 比喻
      - 叶子：出水很高，像亭亭的舞女的裙
      - 白花：正如一粒粒的明珠，又如碧天里的星星
      - 月光：如流水一般
      - 叶子与花：又像笼着轻纱的梦
    - 拟人
      - 白花：有袅娜地开着的，有羞涩地打着朵儿的
    - 通感
      - 光与影：如梵婀玲上奏着的名曲
  - 动态 — 比喻兼夸张 — 叶子与花：像闪电般，霎时传过荷塘的那边去了
- **嗅觉** — 通感 — 花香：仿佛远处高楼上渺茫的歌声似的
- **听觉** — 动态 — 蝉声与水里的蛙声

一、思路点拨

同学们，我们前面讲过运用五感法观察能让我们观察得更加仔细和全面，也能让描写变得更加生动具体。

老师，《荷塘月色》里作者只用了三种感觉，分别是视觉、听觉和嗅觉。那我们在写作文的时候，是五种感觉都要写，还是有什么巧妙的搭配呢？

我也想知道，如果五种感觉都用上，难道写柳树的时候，还要亲自尝一尝叶子的味道吗？

这个问题问得好。我们平时写作文时，五感觉不必全部用上，要根据自己所描写对象的特点去合理安排。

比如我们描写杨树、柳树时，可以用视觉、触觉和听觉；描写开花的桃树、梅树时，可以用视觉、触觉和嗅觉；而描写结了果子的苹果树、李子树时，那当然就要用视觉、嗅觉和味觉啦！

哦，我懂了。

我们一般不描写杨树、柳树的花和果实，所以不需要用味觉和嗅觉。

开花的植物有香味，这时就可以加入嗅觉。

结果子的植物有了果实，就可以加入味觉和嗅觉。

没错，就像老师说的，植物有哪些特点，就根据它们的特点去分配五种感觉。假如描写苔藓类植物硬要写声音，反而会闹出笑话。

神秘老师

最后要提醒大家，运用五感法描写植物时，还可以运用通感的修辞手法，把两种感觉联系起来描写。

二、技法指导

老师，我明白了五感法的作用和怎么搭配，但还是不知道具体该怎么用。

神秘老师

五感法的具体运用方法，我给大家总结一下。

视觉：描写眼睛看到的植物的形态、颜色等外部特征，从正面直接描写。可以运用比喻、拟人、夸张等修辞，写出植物的静态美。

听觉：描写耳朵听到的叶片声、小动物声、风声、人声。这些动态描写与静态描写相结合，能使文章更生动，更富有感染力。

嗅觉：描写鼻子闻到的花香、叶片、果实的味道。可以运用联想，写出内心的感受。

味觉：描写舌头尝到的果实、叶片（蔬菜）的味道。可以运用比喻、拟人等修辞，写出植物果实、叶片的独特味道。

触觉：描写手、皮肤碰触到的植物给人带来的触觉体验，同样可以运用比喻、拟人等修辞，写出树皮、叶片、花朵的触觉质感。

妙妙

哇，如果运用五感法来描写植物，完全不像之前只会写叶子是什么样、花朵是什么样了。用多种感觉描写植物会让所描写植物的特点更加立体。

写作练笔

同学们，通过今天的学习，你们掌握五感法了吗？快来动笔试一试吧！

1. 仔细观察你家房前屋后或者小区里的某个植物。
2. 试着用多种感觉描写它的特点。

老师/家长点评

落花生

▲许地山

我们家的后园有半亩空地,母亲说:"让它荒着怪可惜的,你们那么爱吃花生,就开辟出来种花生吧。"我们姐弟几个都很高兴,买种,翻地,播种,浇水,施肥,没过几个月,居然收获了。

母亲说:"今晚我们过一个收获节,请你们父亲也来尝尝我们的新花生,好不好?"母亲把花生做成了好几样食品,还吩咐就在后园的茅草亭过这个节。

那晚的天色不太好,可是父亲也来了,实在很难得。

父亲说:"你们爱吃花生吗?"

我们争着回答:"爱!"

"谁能把花生的好处说出来?"

姐姐说:"花生的味道很美。"

哥哥说:"花生可以榨油。"

我说:"花生的价钱便宜,谁都可以买来吃,都喜欢吃。这就是它的好处。"

父亲说:"花生的好处很多,有一样最可贵。它的果实埋在地里,不像桃子、石榴、苹果那样,把鲜红嫩绿的果实高高地挂在枝头上,使人一见就生爱慕之心。你们看它矮矮地长在地上,等到成熟了,也不能立刻分辨出来它有没有果实,必须挖起来才知道。"

我们都说是,母亲也点点头。

父亲接下去说:"所以你们要像花生,它虽然不好看,可是很有用。"

我说:"那么,人要做有用的人,不要做只讲体面,而对别人没有好处的人。"

父亲说:"对。这是我对你们的希望。"

我们谈到深夜才散。花生做的食品都吃完了,父亲的话却深深地印在我的心上。

名家 介绍

许地山（1893—1941），中国现代作家。代表作有《落花生》《空山灵雨》。

名家写作课

神秘老师　　妙妙　　奇奇

老师，最近我们在学习如何写植物，于是我想起一篇学过的课文，叫作《落花生》。这篇课文写的是花生，但好像既没有描写它的花，也没描写花生，也没有运用五感法来观察花生的植株，这是怎么回事呢？

《落花生》是一篇很有名的文章，你们还记得写了什么吗？

我记得，《落花生》是一篇叙事散文，全文围绕"种花生—收花生—吃花生—议花生"来写，真实地记录了作者小时候的一次家庭活动和所受到的教育。通过描写落花生，表达了作者不贪慕虚荣、默默做有用的人的人生理想和价值观。

很好，从妙妙的概括不难发现，这篇文章之所以没有描写花生的样貌，是因为这不是重点，重点是后边作者要表达的人生理想和价值观。因此，对于花生这种植物的具体描写就显得不重要了。这种通过对客观事物的描写和叙述，来表达自己的志向和意愿的写法叫作托物言志。

托物言志？第一次听说这个写法，老师快给我们讲讲吧！

《落花生》全文分成了十五个小段落，可归纳为三个部分。

第一部分（第一自然段）：写在母亲的提议下"我们"种花生、收花生。

第二部分（第二自然段）：写母亲提议过一个收获节，并为过收获节做了准备。

第三部分（第三至十五自然段）：写过收获节时一家人一起吃花生、议花生。

我想起了上次老师讲的《荷塘月色》，朱自清先生写荷花时运用了很多修辞，写得很美。而许地山先生写花生基本没有运用什么修辞手法。

这就是我们讲五感法的时候提到的一种技巧——根据描写对象的特点选择写法。荷花在所有人的心目中都是很美的东西，所以任何人写它都要写出美感。朱自清先生写荷花时，一方面是借助描写景物展现内心的情感，另一方面是寄托对美好生活的向往。而花生不同，它首先是一种很常见的植物，再者，许地山先生想要借助描写花生表达不为名利，只求有益于社会的人生理想和价值观，所以更不能把花生写得非常华丽啦！

哦，我明白了。

我们主要看一下第十自然段。父亲听完了我们的回答，进一步指出花生的可贵之处时，提到了桃子、石榴、苹果这些"鲜红嫩绿的果实"。这里运用了反衬的手法，借助桃子、石榴、苹果的"鲜红嫩绿"反衬出落花生的朴实无华，突出了花生默默无闻、不讲体面、不计较名利的品质。

在此基础上，作者才能以小见大，点明"人要做有用的人，不要做只讲体面，而对别人没有好处的人"这个做人的道理。

最后，我们总结一下文章的思路吧！

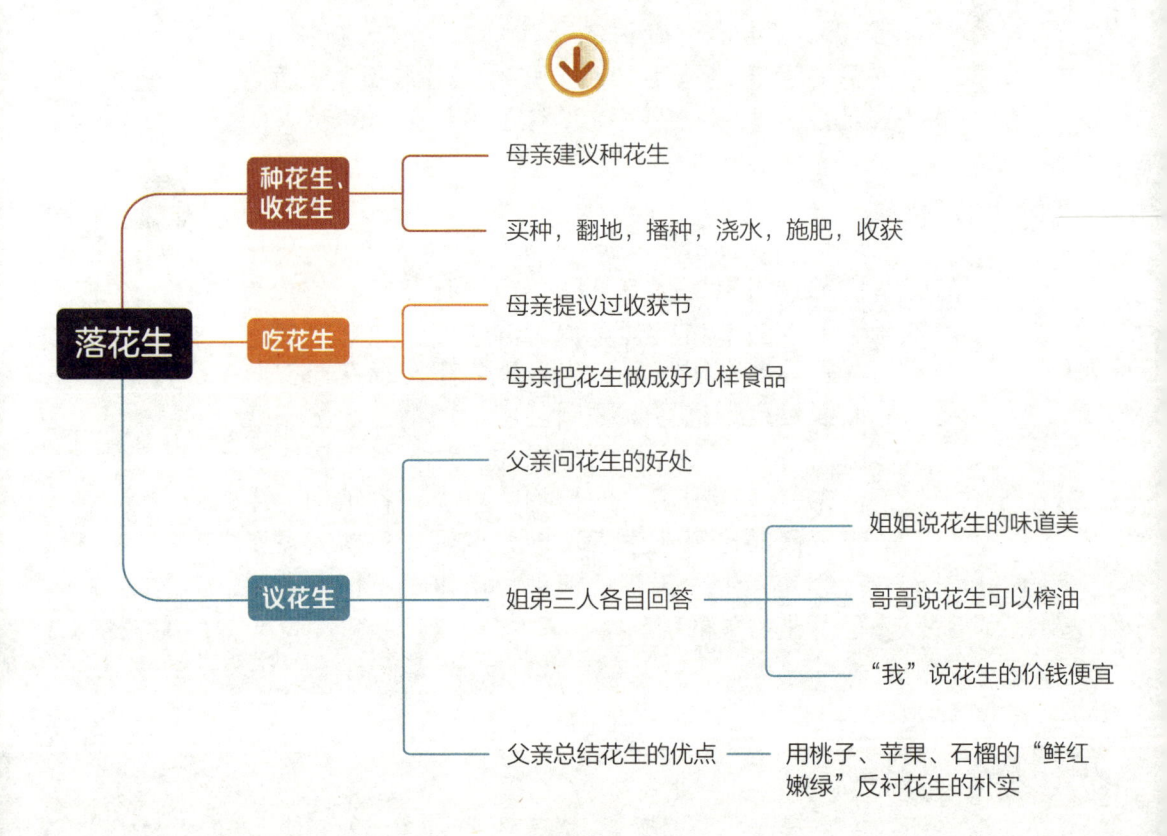

落花生
- 种花生、收花生
  - 母亲建议种花生
  - 买种，翻地，播种，浇水，施肥，收获
- 吃花生
  - 母亲提议过收获节
  - 母亲把花生做成好几样食品
- 议花生
  - 父亲问花生的好处
  - 姐弟三人各自回答
    - 姐姐说花生的味道美
    - 哥哥说花生可以榨油
    - "我"说花生的价钱便宜
  - 父亲总结花生的优点 —— 用桃子、苹果、石榴的"鲜红嫩绿"反衬花生的朴实

一、思路点拨

奇奇：

老师，我感觉托物言志好像和借物喻人有点相似。《落花生》这篇文章是不是借用落花生赞美了不贪慕虚荣、默默奉献的人呢？

神秘老师：

这篇文章的重点不是赞美这种人，而是表达成为这种人的意愿。所以《落花生》运用的写法是托物言志，而不是借物喻人。

我们接着奇奇的思路，来讲一下托物言志和借物喻人这两种写法的区别吧！

妙妙：

我知道！借物喻人通常是借助一种事物的特点来描写人的品格。

神秘老师：

没错。而通过对客观事物的描写和叙述，表达自己的志向和意愿的写法叫作托物言志。

我们可以从两个方面来区分它们。

1. 运用目的不同。
2. 物与人的关系不同。

奇奇

我能理解"运用目的不同"。就像刚才妙妙说的那样，借物喻人是赞美某种人，而托物言志是表达作者的志向和意愿。

神秘老师

没错。而第二点"物与人的关系不同"也很好理解。借物喻人中，物与人的相似点是重要的，因为写物的目的是表现人的某一性格特征。

而托物言志中，物作为直接对象，其人格化的特征更为显著，主要是用来表达作者的志向和意愿的。

二、技法指导

神秘老师

接下来，我们一起探讨如何在作文里运用托物言志的写法。就像之前我们讲借物喻人和借物讽人的方法一样，运用托物言志写植物的时候，可以从下列几个步骤入手：

1. 总结植物的特点和品质。
2. 找到植物的品质和自己所要表达的志向和意愿的联系。
3. 细致描绘出植物的特点和品质。
4. 通过描写植物的品质表达自己的志向和意愿。

奇奇

老师来具体讲一讲吧。

神秘老师

前两点相当于提纲,是写文章之前的准备工作。

1. 总结植物的特点和品质。

托物言志的文章可不是写到一半之后才去总结植物的特点和品质的。而是在写文章之前就要想清楚,所描写的植物有哪些特点,这些特点能和人的哪些品质联系起来。举个例子,我们来描写梅花。梅花有哪些特点呢?

妙妙

梅花冬天开放,香味非常淡。

神秘老师

很好,那这些特点能总结出哪些品质呢?

奇奇

梅花不凑热闹,因为大部分花都是春天、夏天开,梅花却在冬天开。香味非常淡,说明它不张扬。

神秘老师

奇奇总结得很好,总结一下就是梅花具有高洁的品质。

2. 找到植物的品质和自己所需表达的志向和意愿的联系。

第二点就是要思考梅花的品质中蕴含着哪些做人的道理。梅花高洁的品质告诉我们这样的做人道理：不参与俗世纷争、保持自己的品格，不和坏人同流合污。

有了前两步的准备工作，就可以动笔写了。

妙妙

3. 细致描绘出植物的特点和品质。

这个我知道，就是运用我们之前学习的各种方法，把梅花的特点和品质描绘出来。可以使用五感法，从视觉、嗅觉、触觉三个角度写梅花的特点。

神秘老师

妙妙总结得非常好。在前三步的基础上，就可以进行第四步了。

4. 通过描写植物的品质表达自己的志向和意愿。

结尾的时候，从梅花的这些特点，表达自己"不参与俗世纷争、保持自己的品格，不和坏人同流合污"的志向，一篇托物言志的文章就完成了。

奇奇

哇，这么看起来也不难嘛，我这就动笔试试！

写作练笔

同学们，通过今天的学习，你们学会托物言志的写法了吗？快拿起笔来，试一试吧！

1. 仔细观察路边的小草，总结小草具有哪些优秀品质。
2. 试着用托物言志的写法描绘小草具有的品质，表达自己愿做小草那样的人的志向。

老师/家长点评

名篇欣赏

葡萄月令 (节选)

▲汪曾祺

五月中下旬，果树开花了。果园，美极了。梨树开花了，苹果树开花了，葡萄也开花了。

都说梨花像雪，其实苹果花才像雪。雪是厚重的，不是透明的。梨花像什么呢？——梨花的瓣子是月亮做的。

有人说葡萄不开花，哪能呢！只是葡萄花很小，颜色淡黄微绿，不钻进葡萄架是看不出的。而且它开花期很短。很快，就结出了绿豆大的葡萄粒。

六月，浇水、喷药、打条、掐须。

葡萄粒长了一点了，一颗一颗，像绿玻璃料做的纽子。硬的。

葡萄不招虫。葡萄会生病，所以要经常喷波尔多液。但是它不像桃，桃有桃食心虫；梨，梨有梨食心虫。葡萄不用疏虫果。——果园每年疏虫果是要费很多工的。虫果没有用，黑黑的一个半干的球，可是它耗养分呀！所以，要把它"疏"掉。七月，葡萄"膨大"了。

掐须、打条、喷药，大大地浇一次水。

追一次肥。追硫铵（ǎn。硫铵即硫酸铵，是一种无机物，用作肥料）。在原来施粪肥的沟里撒上硫铵。然后，就把沟填平了，把硫铵封在里面。

汉朝是不会追这次肥的，汉朝没有硫铵。

八月，葡萄"着色"。

你别以为我这里是把画家的术语借用来了。不是的。这是果农的语言，他们就叫"着色"。

下过大雨，你来看看葡萄园吧，那叫好看！白的像白玛瑙，红的像红宝石，紫的像紫水晶，黑的像黑玉。一串一串，饱满、磁棒、挺括，璀璨琳琅。你就把《说文解字》里的玉字偏旁的字都搬了来吧，那也不够用呀！

可是你得快来！明天，对不起，你全看不到了。我们要喷波尔多液了。一喷波尔多液，它们的晶莹鲜艳全都没有了，它们蒙上一层蓝兮兮、白糊糊的东西，成了磨砂玻璃。我们不得不这样干。葡萄是吃的，不是看的。我们得保护它。过不两天，就下葡萄了。

一串一串剪下来，把病果、瘪果去掉，妥妥地放在果筐里。果筐满了，盖上盖，要一个棒小伙子跳上去蹦两下，用麻筋缝的筐盖。——新下的果子，不怕压，它很结实，压不坏。倒怕是装不紧，逛里逛当的。那，来回一晃悠，全得烂！葡萄装上车，走了。

去吧，葡萄，让人们吃去吧！

九月的果园像一个生过孩子的少妇，宁静、幸福，而慵懒。我们还给葡萄喷一次波尔多液。哦，下了果子，就不管了？人，总不能这样无情无义吧。

十月，我们有别的农活。我们要去割稻子。葡萄，你愿意怎么长，就怎么长着吧。

十一月，葡萄下架。

把葡萄架拆下来。检查一下，还能再用的，搁在一边。糟朽了的，只好烧火。立柱、横梁、小棍，分别堆垛起来。

剪葡萄条。干脆得很,除了老条,一概剪光。葡萄又成了一个大秃子。

剪下的葡萄条,挑有三个芽眼的,剪成二尺多长的一截,捆起来,放在屋里,准备明春插条。

其余的,连枝带叶,都用竹笤帚扫成一堆,装走了。葡萄园光秃秃。

十一月下旬,十二月上旬,葡萄入窖。

这是个重活。把老木放倒,挖土把它埋起来。要埋得很厚实。外面要用铁锹拍平。这个活不能马虎。都要经过验收,才给记工。

葡萄窖,一个一个长方形的土墩墩。一行一行,整整齐齐地排列着。风一吹,土色发了白。

这真是一年的冬景了。热热闹闹的果园,现在什么颜色都没有了。眼界空阔,一览无余,只剩下发白的黄土。

下雪了。我们踏着碎玻璃碴似的雪,检查葡萄窖,扛着铁锹。

一到冬天,要检查几次。不是怕别的,怕老鼠打了洞。葡萄窖里很暖和,老鼠爱往这里面钻。它倒是暖和了,咱们的葡萄可就受了冷啦!

名家 介绍

汪曾祺（1920—1997），中国当代小说家、散文家、戏剧家。代表作有《受戒》《晚饭花集》《逝水》《端午的鸭蛋》等。

名家写作课

神秘老师　　妙妙　　奇奇

同学们，你们知道说明文的说明方法都有哪些吗？

我知道，主要的说明方法包括摹状貌、下定义、作比较、分类别、举例子、列数字、引资料、打比方等。

很好，说明文可以用来介绍小动物，也可以用来介绍植物的特点和生长规律。今天，我们就通过汪曾祺先生的《葡萄月令》来学习一下说明文介绍植物的方法。

好期待呀，我最喜欢吃葡萄啦！

我们先去看看葡萄是怎么种植和收获的吧。这篇《葡萄月令》按照葡萄生长的时间顺序，描述了一整年里葡萄生长的各个阶段，其中葡萄上架、浇水、喷药、打条、掐须、追肥等环节最为详尽。我们截取了五月之后的段落。大家找一找，每个月介绍葡萄的时候，作者都运用了什么说明方法吧！

我先来，五月的时候，葡萄开花了。这里运用了摹状貌的说明方法，"葡萄花很小""颜色淡黄微绿"分别对花朵的大小、颜色进行了说明。

接下来是六月，葡萄长出来了，主要运用了摹状貌、打比方和作比较三种方法。用摹状貌的方法介绍了葡萄的形态，"一颗一颗""硬的"；用打比方的方法形象生动地说明了葡萄的样子，"像绿玻璃料做的纽子"；用作比较的方法介绍了如何使用农药，"桃有桃食心虫；梨，梨有梨食心虫""葡萄不招虫。葡萄会生病，所以要经常喷波尔多液"。

我来说后面的。七月和八月，葡萄长大了，作者运用摹状貌、作比较、打比方和引资料四种说明方法介绍如何打理葡萄。七月，葡萄长大了。"葡萄'膨大'了"是摹状貌；"汉朝是不会追这次肥的，汉朝没有硫铵"是作比较。八月，葡萄基本长成了。"白的像白玛瑙，红的像红宝石，紫的像紫水晶，黑的像黑玉"是打比方，生动描绘了葡萄的样貌特征；"这是果农的语言，他们就叫'着色'"是引资料，使得介绍更加专业。

从九月开始，喷药、葡萄下架、葡萄入窖等环节，其中运用了打比方的方法，"九月的果园像一个生过孩子的少妇"。

虽然是一篇说明文，但读起来感觉挺有趣味呢！

因为这篇文章从表面上看确实是说明文，介绍一年中与葡萄的种植、培育、采摘、贮藏等有关的"知识"，像记流水账一般。然而仔细品味就会发现，**这又是一篇描写田园风光的抒情散文，字里行间都流露出作者亲近自然、热爱劳动的思想感情。**

还真是这样。如果作者不是真的参与过种植和收获的全过程，是不会写得这么详细的。这说明作者也是一个热爱劳动和大自然的人。

奇奇说的对。这也告诉我们，想要描写好风景或者植物，就必须亲自去体验，去观察。只有亲身经历过，才能写出好文章，才能在文字中融入感情。最后让我们总结一下这篇文章运用的说明方法吧！

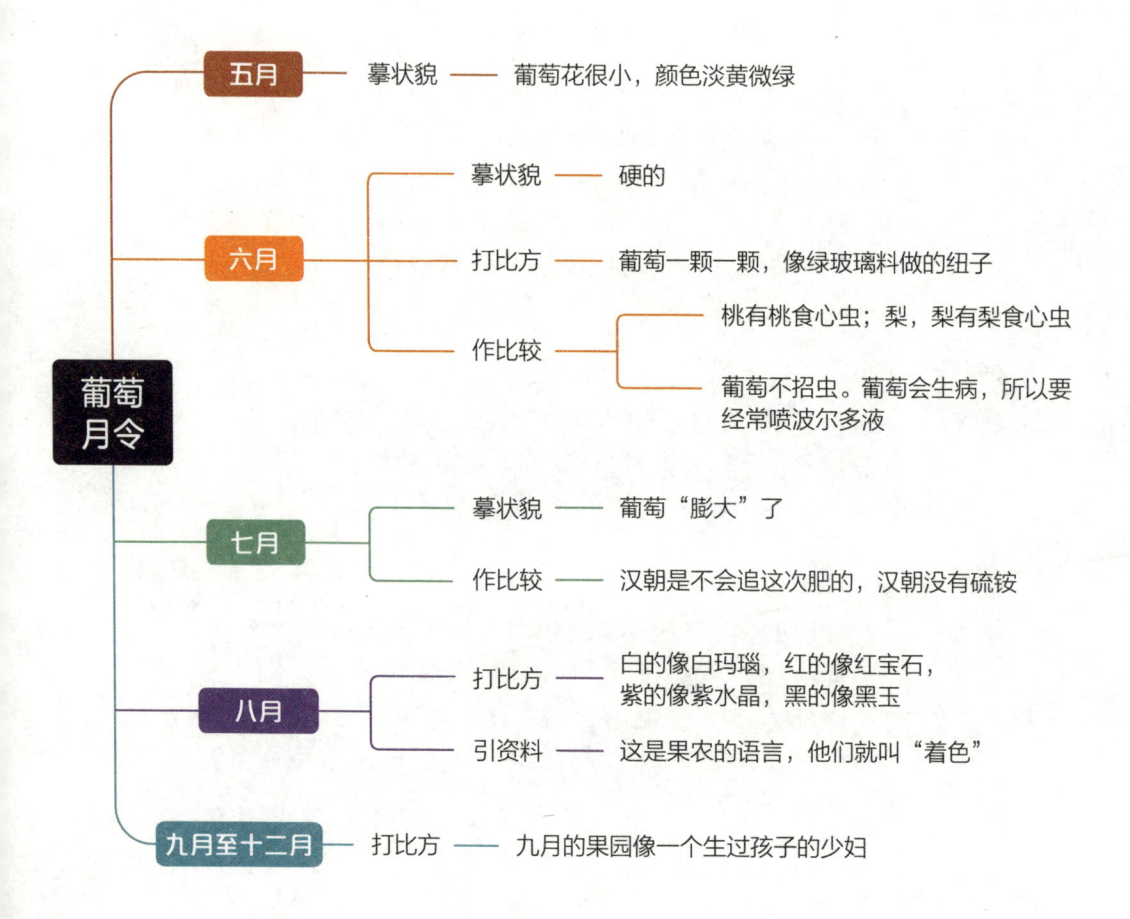

```
                    ┌─ 五月 ───── 摹状貌 ───── 葡萄花很小，颜色淡黄微绿
                    │
                    │                ┌─ 摹状貌 ───── 硬的
                    │                │
                    ├─ 六月 ─────────┼─ 打比方 ───── 葡萄一颗一颗，像绿玻璃料做的纽子
                    │                │
                    │                │                  ┌─ 桃有桃食心虫；梨，梨有梨食心虫
                    │                └─ 作比较 ─────────┤
                    │                                   └─ 葡萄不招虫。葡萄会生病，所以要
葡萄                │                                      经常喷波尔多液
月令 ───────────────┤
                    │                ┌─ 摹状貌 ───── 葡萄"膨大"了
                    ├─ 七月 ─────────┤
                    │                └─ 作比较 ───── 汉朝是不会追这次肥的，汉朝没有硫铵
                    │
                    │                ┌─ 打比方 ───── 白的像白玛瑙，红的像红宝石，
                    ├─ 八月 ─────────┤              紫的像紫水晶，黑的像黑玉
                    │                └─ 引资料 ───── 这是果农的语言，他们就叫"着色"
                    │
                    └─ 九月至十二月 ── 打比方 ───── 九月的果园像一个生过孩子的少妇
```

写作加油站

一、思路点拨

奇奇

老师，我注意到《葡萄月令》按时间顺序进行说明，我们之前也学过按时间顺序写小动物。那么这两者有什么区别吗？

神秘老师

本质上是没有区别的，之前我们总结过，按时间顺序写文章的时候需要注意的三点，还记得吗？

妙妙

我知道。第一，时间跨度不能太接近。第二，每个时间段描写的内容要统一。第三，描写的内容随着时间的推移产生变化。

神秘老师

很好，在按时间顺序描写植物时，这三点也要遵循。另外，由于植物和动物的生长有很多不同，所以具体按时间顺序描写植物时，除了第三点要必须遵循，另外两点可以根据实际情况进行适当的调整。

比如我们描写一棵柳树，可以写春夏秋冬的变化，但秋天和冬天柳树没有叶子，而春天和夏天有叶子，那么第二点就不必遵循了。

妙妙

哦，我懂了。另外，有时候老师也会让我们描写一天早中晚三个时间段公园柳树的特点，这样，第一点就不必遵循了。

神秘老师

是这样的，所以说第三点才是最重要的。无论描写植物一年四季的变化，还是一天早中晚三个时间段的变化，每个时间段都要写出不同，都要写出植物随着时间的推移产生的变化，包括枝条、叶子、花朵、果实等的变化。

只有把这种变化写出来，才能让读者感受到时间的力量。

二、技法指导

奇奇

老师，我有一个问题。我想按春夏秋冬的顺序描写公园的柳树，我写春天的柳树的时候，想象不到冬天是什么样；我写秋天的柳树的时候，又忘了夏天是什么样，这该怎么办呢？

妙妙

奇奇，老师说要多观察身边的事物，观察有了收获就用观察日记的形式记录下来，或者记在素材档案里就好啦！

神秘老师

妙妙说的很对。其实很多同学也有这个困扰。哪怕是让我们描写柳树从早到晚的变化,我们也不可能在柳树旁边蹲一天去观察它呀!怎么办呢?老师今天给大家介绍一种方法——拍照法!

奇奇

拍照法?难道是用照相机把柳树拍下来吗?

神秘老师

当然不是用真的相机拍啦,这里所说的拍照法用的是我们的眼睛。一般去旅游景点拍照时,我们都会调整相机的焦距,叫作调焦。你们知道调焦的作用吗?

妙妙

是为了拍得更清楚。

神秘老师

没错,除了相机,我们的眼睛也是这样,为了看得更清楚,都会调整焦距。而调焦就是为了让视觉中心点聚集在景物的某一点。

奇奇

这样就可以捕捉到事物的主要特点了!

神秘老师

没错,奇奇说到重点了。拍照法就是通过调整视线,让我们的眼睛聚焦在被观察事物最显著的特点上,从而把这个特点"拍"下来。

妙妙

一个事物最重要的特点往往能给人留下深刻印象,所以无论是观察还是描写,只要抓住最主要特点就好了。比如描写柳树,它的枝条往往是最吸引人的,"万条垂下绿丝绦",所以只要记住枝条的特点,不用管叶子、树枝和树干,这样不管描写的时间跨度有多大,都能写出柳树的神韵啦!

奇奇

哈哈,我和妙妙不一样,我只记得柳树的叶子。

神秘老师

无论是枝条还是叶子,拍照法的宗旨是聚焦主要特点。另外按时间顺序写出变化,一篇描写植物的文章就很容易写好啦。在这里,老师给大家列举一些植物的主要特征部位供大家参考:

植物	竹子	梅花	柳树	牡丹	月季	龙爪槐	爬山虎	葡萄
特征部位	竹节	花朵	枝条	花瓣	花朵	枝条	藤蔓	藤蔓

写作练笔

同学们，通过今天的学习，你们掌握按时间顺序描写植物和运用拍照法了吗？快来动笔试一试吧！

1. 仔细观察学校教室前的一棵树，回忆它一年四季有哪些变化。
2. 按照春夏秋冬的时间顺序把这棵树的变化写出来。

老师/家长点评

名篇欣赏

蜡梅花

▲汪曾祺

我的家乡有蜡梅花的人家不少。我家的后园有四棵很大的蜡梅。这四棵蜡梅，从我记事的时候，就已经是那样大了。很可能是我的曾祖父在世的时候种的。这样大的蜡梅，我以后在别处没有见过。主干有汤碗口粗细，并排种在一个砖砌的花台上。这四棵蜡梅的花心是紫褐色的，按说这是名种，即所谓"檀心磬口"。蜡梅有两种，一种是檀心的，一种是白心的。我的家乡偏重白心的，美其名曰"冰心蜡梅"，而将檀心的贬为"狗心蜡梅"。蜡梅和狗有什么关系呢？真是毫无道理！因为它是狗心的，我们也就不大看得起它。

不过凭良心说，蜡梅是很好看的。其特点是花极多——这也是我们不太珍惜它的原因。物稀则贵,这样多的花,就没有什么稀罕了。每个枝条上都是花,无一空枝。而且长得很密,一朵挨着一朵,挤成了一串。这样大的四棵大蜡梅,满树繁花,黄灿灿的吐向冬日的晴空,那样地热热闹闹,而又那样地安安静静,实在是一个不寻常的境界。不过我们已经司空见惯,每年都有一回。

每年腊月,我们都要折蜡梅花。上树是我的事。蜡梅木质疏松,枝条脆弱,上树是有点危险的。不过蜡梅多枝杈,便于登踏,而且我年幼身轻,正是"一日上树能千回"的时候,从来也没有掉下来过。我的姐姐在下面指点着:"这枝,这枝!——哎,对了,对了!"我们要的是横斜旁出的几枝,这样的不蠢;要的是几朵半开,多数是骨朵的,这样可以在瓷瓶里养好几天——如果是全开的,几天就谢了。

下雪了,过年了。大年初一,我早早就起来,到后园选摘几枝全是骨朵的蜡梅,把骨朵都剥下来,用极细的铜丝——这种铜丝是穿珠花用的,就叫作"花丝",把这些骨朵穿成插鬓的花。我们县北门的城门口有一家穿珠花的铺子,我放学回家路过,总要钻进去看几个女工怎样穿珠花,我就用她们的办法穿成各式各样的蜡梅珠花。我在这些蜡梅珠子花当中嵌了几粒天竺果——我家后园的一角有一棵天竺。黄蜡梅、红天竺，我到现在还很得意：那是真很好看的。我把这些蜡梅珠花送给我的祖母，送给大伯母，送给我的继母。她们梳了头，就插戴起来。然后，互相拜年。我应该当一个工艺美术师的，写什么屁小说！

名家写作课

神秘老师　　妙妙　　奇奇

老师，我发现汪曾祺先生是一个很有趣的人，读了他的《蜡梅花》，我发现他写蜡梅花的时候，不是开篇就写自己喜欢蜡梅花，而是从不喜欢到喜欢，但这也不是欲扬先抑，这是什么方法呢？

你的问题我们分析完文章再来解答吧！首先，我们先从整体上看一下，这篇文章分为几个部分呢？

我觉得分为三个部分：第一部分是第一、二自然段，主要回忆过去家里的蜡梅花；第二部分是第三自然段，写的是作者小时候摘蜡梅花放在花瓶做装饰；第三部分是第四自然段，写的是作者过年采梅花做蜡梅珠花。

没错。接下来我们逐段分析。第一自然段，作者回忆了过去家里后园的蜡梅树。介绍了蜡梅的两个种类，由于家里的是"狗心的"，所以作者一家人都不大看得起。这一自然段的叙述表明作者对家里的蜡梅有点轻视。接下来，第二自然段写了什么，又体现了作者的什么情感呢？

第二自然段开头第一句就说了："不过凭良心说，蜡梅是很好看的。"表明作者对蜡梅还是喜欢的。后面写出了原因："花极多""实在是一个不寻常的境界"。在写花的特点时，作者运用了拟人的修辞："一朵挨着一朵""挤成了一串""黄灿灿的吐向冬日的晴空"。通过拟人，把花朵的"密"和"多"写得俏皮生动，也渲染出热闹的氛围。不过由于是冬天，只有蜡梅开花，而且开得这么多，在"冬日的晴空"之下，反倒显得"安安静静"。这也是作者说的"不寻常的境界"。也正因如此，作者对蜡梅由轻视变得喜欢。

第三自然段写的是作者和姐姐在腊月折蜡梅花的情景。冬天本来没什么游戏可以玩儿，折梅成了姐弟一起玩耍、增进感情的绝佳方式。姐姐指挥，作者上树摘，不仅充满童趣，而且为冬天的生活注入了不少活力。

没错，更重要的是，蜡梅从这里开始不仅仅是院子里的观赏品，它也是姐弟情感的桥梁。当然可以想想，除了给姐姐折花，作者一定还给很多亲朋好友折过梅花。此时的蜡梅已经成为作者寄托对过去亲人和亲情怀念的载体。所以，作者从对蜡梅的喜爱，转变成了热爱。

那最后一自然段作者对蜡梅的热爱应该是达到顶峰了吧！因为大年初一"早早就起来"去摘蜡梅花做蜡梅珠花，送给家里的长辈。而且作者非常自豪，因为大家"梳了头，就插戴起来"。最后作者还发出"应该当一个工艺美术师"的感慨。可见此时蜡梅对于作者来说不单单是一个装饰物，更是作者的艺术启蒙老师，让作者有了艺术天分。

奇奇分析得太棒啦！最后，让我们简单总结一下作者的情感变化过程吧！

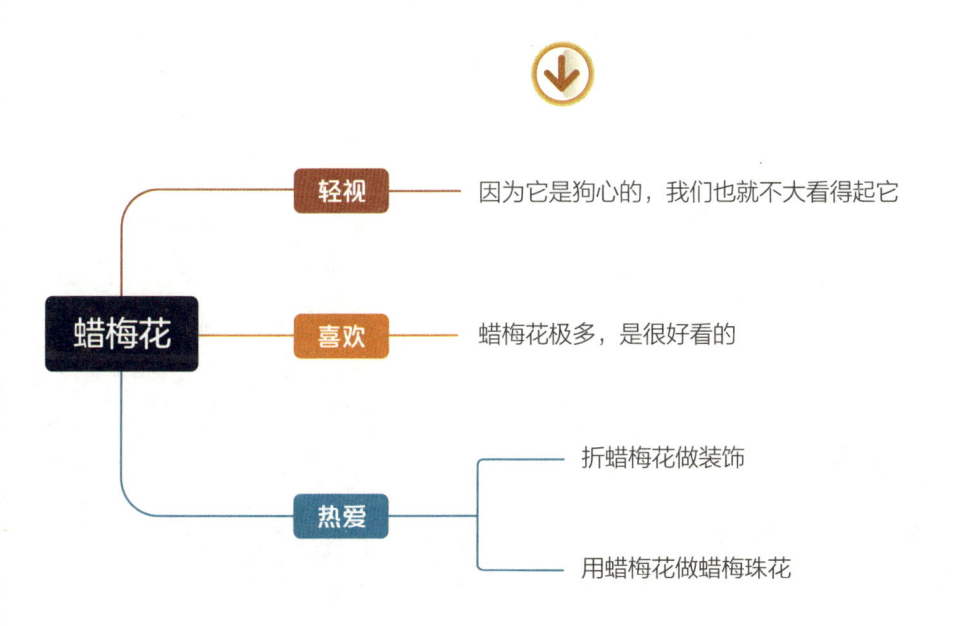

⬇

蜡梅花
- 轻视 —— 因为它是狗心的，我们也就不大看得起它
- 喜欢 —— 蜡梅花极多，是很好看的
- 热爱
  - 折蜡梅花做装饰
  - 用蜡梅花做蜡梅珠花

写作加油站

一、思路点拨

神秘老师

汪曾祺先生对蜡梅的情感变化，告诉我们对任何事物的认知都要经历一个由表及里、由浅入深的过程。汪曾祺先生抓住了"自然之趣"，再加上切身感受，才写出了《蜡梅花》这篇文章。

妙妙

老师，您还没回答我前面提的问题呢！这种可以在开头设置悬念，引起读者的兴趣，类似欲扬先抑的写法是什么呢？

神秘老师

这种写法叫作逆转法。逆转法是一种描写某种具体事物的方法，通过对所描写事物前后情感态度的变化，来刻画事物的形象。

奇奇

听起来有点复杂。

神秘老师

我们把逆转法和欲扬先抑对比一下,你就明白二者的区别了。

逆转法的关键是情感的前后变化,这一点和欲扬先抑很类似。这是两种写法的相同点,都是在文章开头贬低或者不喜欢某种植物,随着对植物的深入认识,态度发生了变化。

区别就在于情感态度。用欲扬先抑的手法写作,前面贬低的情感态度是假,后面赞扬的情感态度是真,因为欲扬先抑的重点是赞扬。

而逆转法则不同,前后的情感态度都是真实的,重点是情感发生变化的过程。

妙妙

也就是说,欲扬先抑的手法,突出的是变化后的赞扬。而逆转法突出的是情感变化的整个过程。

奇奇

这么说我就明白了。

二、技法指导

妙妙

老师，逆转法在描写植物的时候，很容易融入作者的情感，那么我们如何运用逆转法呢？

神秘老师

老师给大家整理了运用逆转法的四个步骤，熟悉这四个步骤，就很容易运用逆转法了。

1. 先讨厌。
2. 后改观。
3. 更喜欢。
4. 再热爱。

这四个步骤不仅是方法，而且是行文的思路。

妙妙

老师总结得好精练呀，像顺口溜一样好记。

神秘老师

这样才方便大家记忆嘛！我来解释一下每个步骤的意思。"先讨厌"意思是文章开头表达对所描写植物的讨厌态度，就像汪曾祺先生开头写不太看得起狗心蜡梅。

奇奇

第二步我知道。"后改观"指的是因为植物的某个特点，引起了情感态度的变化，对植物有了更深一步的认识。

神秘老师

没错。"更喜欢"和"再热爱"就是情感由浅入深的过程。四个步骤互为铺垫，逐步加强。连起来就形成了一个情感由浅入深、由表及里的变化过程。运用逆转法写植物，不仅能更深刻地揭示植物的特点，还能全面地展示作者的情感态度，增强文章的表现力。

写作练笔

同学们，你们掌握借助由浅入深描写植物，表达情感的方法了吗？快拿起笔来试一试吧。

1. 在你的生活中，有没有一种植物让你先讨厌后喜欢呢？
2. 试着用逆转法写一写你对它的情感变化过程吧！

老师/家长点评

名篇欣赏

养 花

▲老 舍

　　我爱花，所以也爱养花。我可还没成为养花专家，因为没有工夫去研究和试验。我只把养花当作生活中的一种乐趣，花开得大小好坏都不计较，只要开花，我就高兴。在我的小院子里，一到夏天满是花草，小猫只好上房去玩，地上没有它们的运动场。

　　花虽然多，但是没有奇花异草。珍贵的花草不易养活，看着一棵好花生病要死，是件难过的事。北京的气候，对养花来说不算很好，冬天冷，春天多风，夏天不是干旱就是大雨倾盆，秋天最好，可是会忽然闹霜冻。在这种气候里，想把南方的好花养活，我还没有那么大的本事。因此，我只养些好种易活、自己会奋斗的花草。

不过，尽管花草自己会奋斗，我若是置之不理，任其自生自灭，大半还是会死的。我得天天照管它们，像好朋友似的关心它们。一来二去，我摸着一些门道：有的喜阴，就别放在太阳地里；有的喜干，就别多浇水。摸着门道，花草养活了，而且三年五载老活着、开花，多么有意思啊！不是乱吹，这就是知识呀！多得些知识决不是坏事。

我不是有腿病吗，不但不利于行，也不利于久坐。我不知道花草们受我的照顾，感谢我不感谢；我可得感谢它们。我工作的时候，我总是写一会儿就到院中去看看，浇浇这棵，搬搬那盆，然后回到屋里再写一会儿，然后再出去。如此循环，让脑力劳动和体力劳动得到适当的调节，有益身心，胜于吃药。要是赶上狂风暴雨或天气突变，就得全家动员，抢救花草，十分紧张。几百盆花，都要很快地抢到屋里去，使人腰酸腿疼，热汗直流。第二天，天气好了，又得把花都搬出去，就又一次腰酸腿疼，热汗直流。可是，这多么有意思呀！不劳动，连棵花也养不活，这难道不是真理吗？

送牛奶的同志进门就夸"好香"，这使我们全家都感到骄傲。赶到昙花开放的时候，约几位朋友来看看，更有秉烛夜游的味道——昙花总在夜里开放。花分根了，一棵分为几棵，就赠给朋友们一些。看着友人拿走自己的劳动果实，心里自然特别欢喜。

当然，也有伤心的时候，今年夏天就有这么一回。三百棵菊秧还在地上（没到移入盆中的时候），下了暴雨，邻家的墙倒了，菊秧被砸死三十多种，一百多棵。全家人几天都没有笑容。

有喜有忧，有笑有泪，有花有果，有香有色。既须劳动，又长见识，这就是养花的乐趣了。

名家介绍

老舍（1899—1966），原名舒庆春，字舍予。中国作家。1950年创作话剧《龙须沟》，获北京市人民政府授予"人民艺术家"称号。主要作品还有小说《猫城记》《离婚》《牛天赐传》《四世同堂》《正红旗下》等，剧本《方珍珠》《春华秋实》《女店员》等。

名家写作课

神秘老师　妙妙　奇奇

同学们，前边我们学了很多种描写植物的方法，今天我们学一种文章结构，这样配合描写植物的方法，就能很快写出一篇条理清晰、文字优美的作文啦！

那太好了，老师，今天我们学习什么文章结构呀？

我们学习描写小动物的时候学过一种并列结构，今天我们学习的文章结构是并列结构的进化版——递进结构。大家还记得并列结构吗？

我记得。写作文的时候，先确定一个中心句，然后围绕中心句写出三个并列的事例分别说明中心句，最后总结全文，这就是并列结构。

奇奇说的很对。并列结构中，每一个事例之间没有关联，它们是并列的关系。而今天我们学习的递进关系，每个事例之间是有相互关联的。我们通过老舍先生的《养花》来学习一下递进结构的用法。

这篇文章我之前也看过！作者通过自己的实践，切身体会到养花的乐趣。抒发了作者热爱生活，热爱劳动的思想感情。

妙妙总结的中心思想非常好。奇奇，你刚才提到了中心句。你来找一找《养花》的中心句好吗？

没问题，交给我吧。第一自然段和最后一自然段都出现了中心句：养花是一种乐趣。

很好。围绕中心句，我们可以把这篇文章分成三个部分，前两个自然段为开头，第三至六自然段为中间，最后一自然段为结尾。接下来，大家找一找作者围绕中心句都写了哪些乐趣吧！

第三自然段写了作者如何根据花草的习性去养花，而且还总结了很多知识。可见，作者在养花的过程中，获得了知识，这是学习的乐趣。

第四自然段，作者提到了自己的腿病，"不但不利于行，也不利于久坐"。而养花让作者得到了锻炼。尤其是赶上特殊天气，全家齐上阵，虽然累得腰酸腿疼，热汗直流，但作者从中感受到了劳动带来的乐趣。

紧接着，第五自然段运用了侧面描写，从侧面说明作者养的花很受欢迎。送牛奶的同志夸花香、昙花盛开的时候邀请朋友欣赏、把花根送给亲朋好友，将自己的劳动成果分享给别人，作者体验到了分享的乐趣。

大家总结得太棒啦。最后我来说。第六自然段写的不是快乐，而是一次天灾。暴雨导致菊秧被倒塌的墙砸死了，全家人都不开心。由此可见，作者眼里花已经不再是简单的植物，而是美好生活的一部分。文章的结尾，作者总结了养花的乐趣。

大家发现了吗？从获得知识到感受劳动的快乐，到分享劳动的快乐，再到养花失败的悲伤，每一部分内容之间都是递进关系。也就是后一部分内容比前一部分内容的情感更深。

是这样的。获得知识虽然快乐，但比不上将知识转化为劳动成果；劳动成果虽然让人快乐，但比不上把劳动成果分享给亲朋好友；分享虽然快乐，但比不上把养花过程中的喜和忧、笑和泪都当作生活中的一种乐趣。

没错，这就是递进结构。围绕中心层层推进，最后结尾升华，抒发热爱生活、热爱劳动的思想感情。这就是递进结构描写植物的妙处。总结一下全文的思路吧。

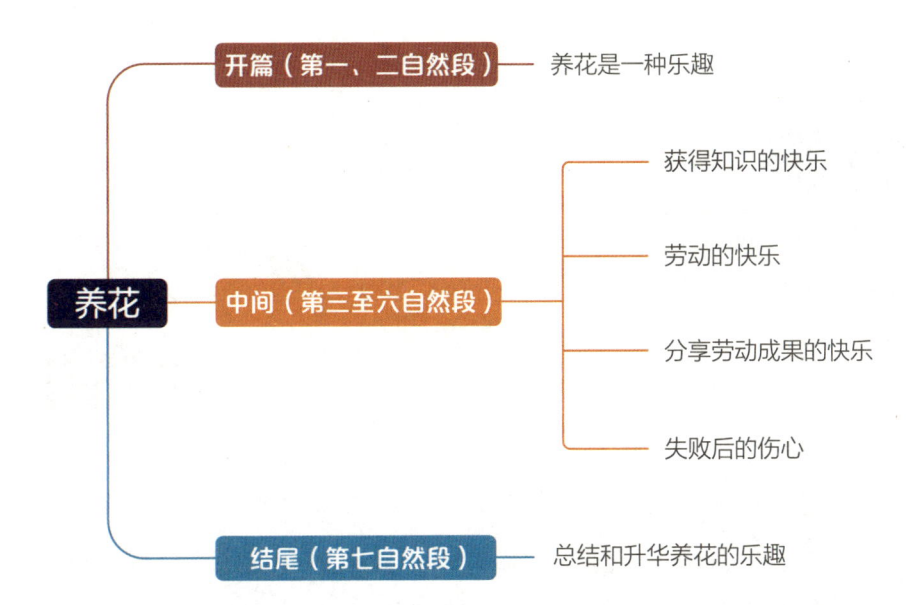

```
                    ┌── 开篇(第一、二自然段) ── 养花是一种乐趣
                    │
                    │                              ┌── 获得知识的快乐
                    │                              │
                    │                              ├── 劳动的快乐
养花 ───────────────┼── 中间(第三至六自然段) ──┤
                    │                              ├── 分享劳动成果的快乐
                    │                              │
                    │                              └── 失败后的伤心
                    │
                    └── 结尾(第七自然段) ── 总结和升华养花的乐趣
```

写作加油站

一、思路点拨

奇奇

老师，我们平时写作文，运用递进结构的时候应该注意什么呢？

神秘老师

无论是递进结构还是并列结构，最重要的不是行文的思路，而是中心思想，也就是中心句。我们来打个比方，中心句就像是整个军队的将军，是军队的灵魂。而递进的结构和并列的结构，类似于阵法，是排兵布阵的方法。而文章中间的三个事例，无论是递进关系还是并列关系，它们都是将军指挥的不同作战编队。

妙妙

也就是说，行文思路就是将军在排列不同的阵形。无论哪种阵形都不能缺少将军。所以无论任何文章，中心句都必不可少。

神秘老师

没错，尤其是今天我们学习的递进结构，中心句的作用尤为突出。如果没有中心句，中间部分的递进关系就没有根据。所以运用递进结构写文章的大前提就是确定中心句，并围绕中心意思去写。

奇奇

老师，我明白了。在并列结构中，围绕中心句的事例都是中心句的扩展；而递进结构中，围绕中心句的事例不仅是中心句的扩展，而且它们相互之间还存在层次逐步加深的关系。

神秘老师

没错，奇奇的总结说出了递进结构作文的关键之处。老师总结一下，写递进结构的作文应该注意的事项：

1. 确定中心句，围绕中心句写。
2. 递进的事例是中心句的扩展说明，且存在递进关系。

二、技法指导

神秘老师

递进结构的作文和并列结构类似，唯一的不同就是事例之间存在递进关系。

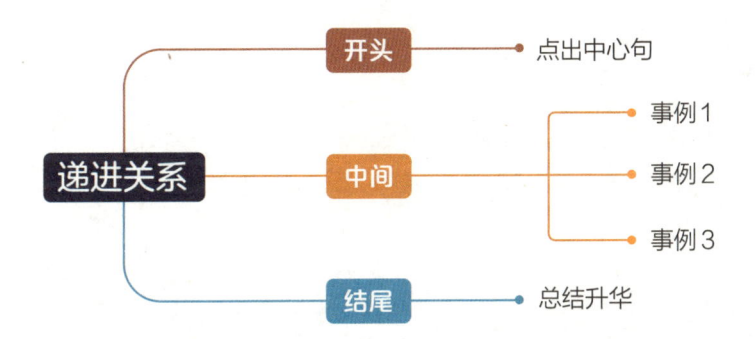

```
                    ┌─ 开头 ── 点出中心句
                    │
                    │           ┌─ 事例1
递进关系 ───────────┼─ 中间 ────┼─ 事例2
                    │           └─ 事例3
                    │
                    └─ 结尾 ── 总结升华
```

妙妙

老师，递进结构很好明白，但中间部分的事例之间的递进关系应该怎么写呢？

神秘老师

还记得我们学习并列关系的时候提到的排比句法吗？

奇奇

记得，并列结构的文章就像一个大排比句，所以写的时候，先围绕中心句，写一个排比句，然后把排比句的每一句扩展成事例就好了。

神秘老师

很好，递进关系也可以用这种方法。在我们常用的句子中，有很多递进关系的句子，它们往往包含一些<u>递进连词</u>，比如：

1. 不但……而且……
2. 不光……也……
3. 不但不……反而……
4. 不仅……还……
5. 不但……又……
6. 不但……而且……甚至……

妙妙

也就是说,递进结构也像并列结构一样,可以用这些递进连词写一个句子,然后把省略号的部分扩展成事例,这样就是递进关系的文章了。

神秘老师

妙妙很聪明,就是这样的。这是最简单的递进结构的写法了。这种将连词扩写成句子,把句子扩写成文章的方法叫作连词扩展法。

另外,递进结构还有另外一种方法叫作情感递进法,也就是把描写的对象作为一种线索,把情感作为文章主线,一步步加深。今天的《养花》运用的就是情感递进法。

奇奇

哈哈,我还是先学连词递进法吧,有了这个方法,我就能很快写出一篇递进结构的作文了。

写作练笔

同学们，通过学习《养花》这篇文章，你们掌握递进结构和连词递进法了吗？快来动笔试一试吧！

1. 仔细观察你熟悉的某种植物。
2. 用一组递进关系的连词写一句话描写这种植物。
3. 把这句话扩展成一篇递进结构的文章。

老师/家长点评

名篇欣赏

从百草园到三味书屋（节选）

▲鲁 迅

  我家的后面有一个很大的园，相传叫作百草园。现在是早已并屋子一起卖给朱文公的子孙了，连那最末次的相见也已经隔了七八年，其中似乎确凿只有一些野草；但那时却是我的乐园。

  不必说碧绿的菜畦，光滑的石井栏，高大的皂荚树，紫红的桑椹；也不必说鸣蝉在树叶里长吟，肥胖的黄蜂伏在菜花上，轻捷的叫天子（云雀）忽然从草间直窜向云霄里去了。单是周围的短短的泥墙根一带，就有无限趣味。油蛉在这里低唱，蟋蟀们在这里弹琴。

翻开断砖来，有时会遇见蜈蚣；还有班蝥，倘若用手指按住它的脊梁，便会拍的一声，从后窍喷出一阵烟雾。何首乌藤和木莲藤缠络着，木莲有莲房一般的果实，何首乌有拥肿（注：这里形容何首乌块根的粗大。现在写作"臃肿"）的根。有人说，何首乌根是有像人形的，吃了便可以成仙，我于是常常拔它起来，牵连不断地拔起来，也曾因此弄坏了泥墙，却从来没有见过有一块根像人样。如果不怕刺，还可以摘到覆盆子，像小珊瑚珠攒成的小球，又酸又甜，色味都比桑椹要好得远。

冬天的百草园比较的无味；雪一下，可就两样了。拍雪人（将自己的全形印在雪上）和塑雪罗汉需要人们鉴赏，这是荒园，人迹罕至，所以不相宜，只好来捕鸟。薄薄的雪，是不行的；总须积雪盖了地面一两天，鸟雀们久已无处觅食的时候才好。扫开一块雪，露出地面，用一枝短棒支起一面大的竹筛来，下面撒些秕谷，棒上系一条长绳，人远远地牵着，看鸟雀下来啄食，走到竹筛底下的时候，将绳子一拉，便罩住了。但所得的是麻雀居多，也有白颊的"张飞鸟"，性子很躁，养不过夜的。

名家 介绍

鲁迅（1881—1936），原名周樟寿，字豫才，后改名周树人。中国文学家、思想家和革命家。1918年5月，首次用笔名"鲁迅"发表中国现代文学史上第一篇白话小说《狂人日记》，奠定了新文学运动的基石。20世纪20年代陆续出版了《呐喊》《坟》《热风》《彷徨》《野草》《朝花夕拾》等作品集，表现出彻底革命民主主义的思想特色。其中，中篇小说《阿Q正传》是中国现代文学史上的杰作。

名家写作课

神秘老师　妙妙　奇奇

老师，昨天我们语文老师让我们描写学校操场旁边的小花园，我运用了您教给我们的观察日记法，把小花园里所有的东西都描写了出来，但语文老师说我写得比较乱，没有条理，怎么解决这个难题呢？

今天我们通过鲁迅先生的《从百草园到三味书屋》，学一种能让文章条理清晰的方法——点面结合。

点面结合，从表面上看应该是点和面相结合的意思，但什么是点，什么是面呢？

点面结合是作文中一种常用的写作方法。"点"指的是对某个事物或多个事物的详细描写。"面"指的是对多个事物的概括描写。所以点面结合就是把详写和略写相结合，"点"从细节上突出重点，"面"从整体上展示。点面结合，可以既有深度又有广度地反映人、事、景物的形象状态，充分地表现思想，抒发感情。

细节的描写是详写，概括的描写是略写。这么看来，点面结合不仅能让文章有条理，还能详略得当呀！老师，这么好的方法，快给我们讲讲吧！

好的。《从百草园到三味书屋》这篇文章表面上写的是鲁迅先生儿时在百草园得到的乐趣，实际上写的是儿童对大自然的热爱和对自由、快乐、美好生活的追求。不过，今天我们只看鲁迅是如何运用点面结合来描写百草园的景物的。我们重点看看哪些是略写，哪些是详写。

作者在第二自然段主要描写了百草园的情景，突出了百草园中的无限趣味。我觉得"单是周围的短短的泥墙根一带，就有无限趣味"这句话前面的内容概括且总结性地描写了百草园的乐趣，也就是"面"的描写。

妙妙找得很准确。这句话是这段的中心思想，也是主旨。我们平时写作文的时候，经常在文章开头或者结尾写一句总结性的话，就是这个作用。

妙妙找到了"面"，我来找"点"。"油蛉在这里低唱，蟋蟀们在这里弹琴""翻开断砖来，有时会遇见蜈蚣；还有斑蝥"，作者使用了拟人的修辞，把百草园里的昆虫写得妙趣横生。

作者除了描写了昆虫，还描写了植物。"何首乌藤和木莲藤缠络着""木莲有莲房一般的果实""何首乌有拥肿的根""覆盆子，像小珊瑚珠攒成的小球，又酸又甜"。通过对每一种植物做细致的描绘，展现了百草园多姿多彩的景致，印证了"单是周围的短短的泥墙根一带，就有无限趣味"这句话。

作者使用点面结合的技巧，使文章既有详细的描写，又有概括的略写，不仅详略得当，而且条理清晰。

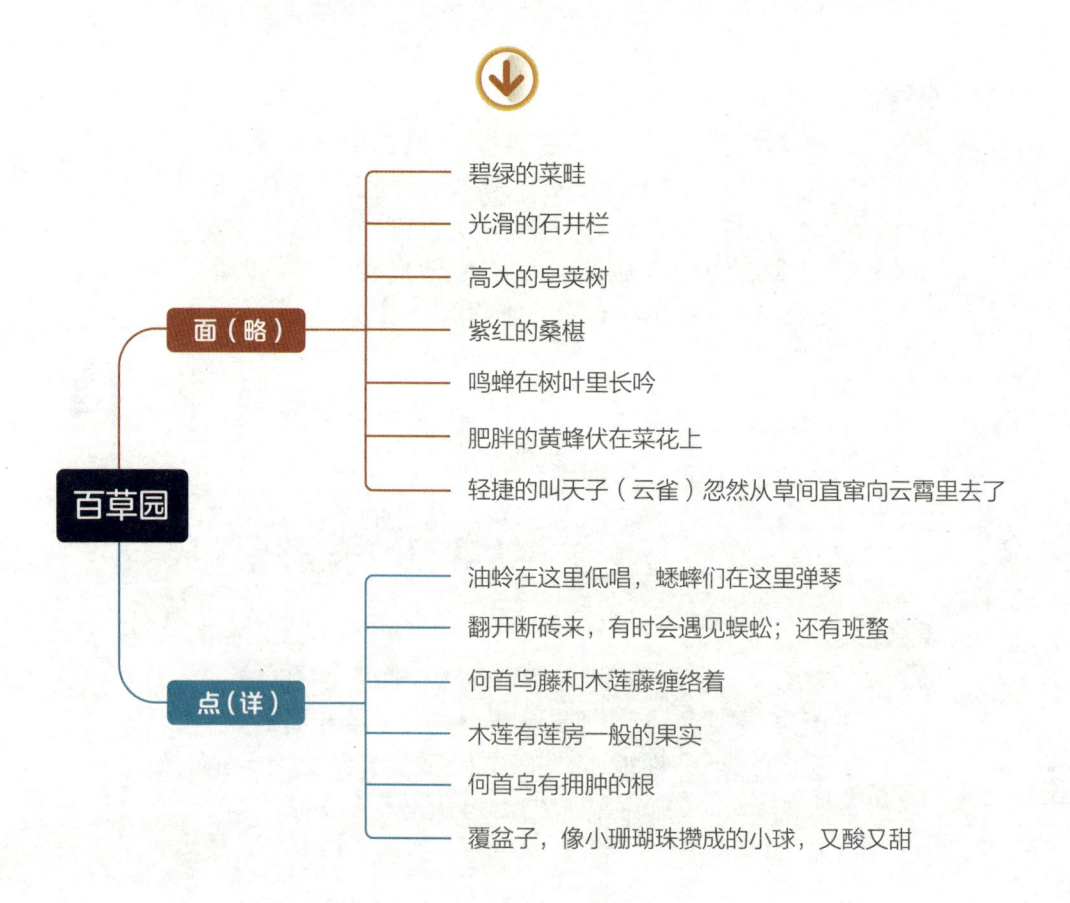

百草园
- 面（略）
  - 碧绿的菜畦
  - 光滑的石井栏
  - 高大的皂荚树
  - 紫红的桑椹
  - 鸣蝉在树叶里长吟
  - 肥胖的黄蜂伏在菜花上
  - 轻捷的叫天子（云雀）忽然从草间直窜向云霄里去了
- 点（详）
  - 油蛉在这里低唱，蟋蟀们在这里弹琴
  - 翻开断砖来，有时会遇见蜈蚣；还有斑蝥
  - 何首乌藤和木莲藤缠络着
  - 木莲有莲房一般的果实
  - 何首乌有拥肿的根
  - 覆盆子，像小珊瑚珠攒成的小球，又酸又甜

写作加油站

一、思路点拨

神秘老师

点面结合的方法很简单，但在具体应用的时候，有两种常见的情况，大家需要注意。

1. 描写单个植物。
2. 描写一处景物。

妙妙

第一种情况是指单独描写某个植物，比如紫藤萝、荷花等。第二种情况，我猜应该包含很多种植物，比如《荷塘月色》里不仅有荷花，还有柳树等。

神秘老师

妙妙说的没错。这两种情况都可以运用点面结合的写法，但又有区别。

描写单个植物的时候，"面"的描写就是对这个植物的整体印象，比如外形高大还是矮小，颜色是浓郁还是浅淡，生长在水面还是戈壁，等等。而"点"的描写指的是描写这种植物的叶片、花朵、树冠、树根、树干等的细节。

奇奇

那么描写一处景色呢？

神秘老师

景物往往包含很多种植物，有花有草有树。

对于描写一处景物来说，"面"同样是对这处景物的概括性描写，比如景物的位置，看到景物的第一感觉等。而"点"的描写，是对景物里的各种植物进行细节描写。

奇奇

"面"的描写像在远处观察，而"点"的描写就像在近处观察。

神秘老师

这个比喻非常棒，就是这样。

二、技法指导

奇奇

我们在写作文时运用点面结合的写法的时候，有什么具体的步骤和方法吗？

神秘老师

运用点面结合的写法写文章可以参考并列结构。

1. 开篇提出中心句（面的描写）。
2. 中间并列描写（点的描写）。
3. 结尾总结全文。

妙妙

和并列结构有点像。

神秘老师

点面结合和并列结构不同的地方在于"中间并列描写"的部分，一定要按照特定的观察顺序去写。在描写植物或者景物的时候，观察顺序特别重要，主要有以下几种方法：

1. 移步换景法。
2. 定点观察法。
3. 分门别类法。

奇奇

我知道移步换景法，意思是走到哪儿写到哪儿，这种方法我最喜欢了，用起来也简单。

神秘老师

没错。移步换景的意思是景物随着人的脚步变化而变化，走到哪里看到什么，就写下来。不过运用移步换景法的时候，描写景物细节的部分一定要把先后顺序写清楚，先看到什么，后看到什么，不能混淆。

移步换景法经常用在游记中，比如游览长城、故宫等。

妙妙

第二种定点观察是什么意思呢？

神秘老师

定点观察就是站在某一固定的点观察景物或景色，并将站在这一点上所看到的内容描述出来的写作方法。用由远及近的顺序，先从远处描写整体，再从近处描写细节。当然了，定点观察还有其他顺序，比如东西南北、从上到下、由近及远等。但无论哪种顺序，运用定点观察法时，都要按照特定的空间顺序描写，这样才会有条理。

奇奇

分门别类法，像是要整理东西似的。

神秘老师

可以这么理解。在描写复杂景物时，可以运用分门别类法，按照景物的类别，一类一类地描写。比如我们去江南的园林游玩，园林里面有花草、虫鸟、池塘、山石等。这么多景物，如果运用移步换景或者定点观察的写法，内容往往会杂乱无章。这时最好运用分门别类的写法，先整体描写园林的概貌，然后依次描写各类景物。

妙妙

看来,想要用好点面结合的写法,首先得区分景物的类别,再选择合适的观察顺序,最后才能动笔写。

神秘老师

完全正确。同学们可以先从描写单一景物开始练习,慢慢就可以描写复杂景物了。

写作练笔

同学们,《从百草园到三味书屋》学完了,你们掌握点面结合的写法了吗?快拿起笔,动手写一写吧!

1. 回忆一下你去过的一个公园,哪些景物让你印象深刻呢?
2. 试着先整体描写公园的概貌,再依次描写各类景物。

老师/家长点评

秋 夜

▲鲁 迅

在我的后园，可以看见墙外有两株树，一株是枣树，还有一株也是枣树。

这上面的夜的天空，奇怪而高，我生平没有见过这样奇怪而高的天空。他仿佛要离开人间而去，使人们仰面不再看见。然而现在却非常之蓝，闪闪地映（shǎn，眨眼）着几十个星星的眼，冷眼。他的口角上现出微笑，似乎自以为大有深意，而将繁霜洒在我的园里的野花草上。

我不知道那些花草真叫什么名字，人们叫他们什么名字。我记得有一种开过极细小的粉红花，现在还开着，但是更极细小了，她在冷的夜气中，瑟缩地做梦，梦见春的到来，梦见秋的到来，梦见瘦的诗人将眼泪擦在她最末的花瓣上，告诉她秋虽然来，冬虽然来，而此后接着还是春，胡蝶①乱飞，蜜蜂都唱起春词来了。她于是一笑，虽然颜色冻得红惨惨地，仍然瑟缩着。

枣树，他们简直落尽了叶子。先前，还有一两个孩子来打他们，别人打剩的枣子，现在是一个也不剩了，连叶子也落尽了。他知道小粉红花的梦，秋后要有春；他也知道落叶的梦，春后还是秋。他简直落尽叶子，单剩干子，然而脱了当初满树是果实和叶子时候的弧形，欠伸得很舒服。但是，有几枝还低亚着，护定他从打枣的竿梢所得的皮伤，而最直最长的几枝，却已默默地铁似的直刺着奇怪而高的天空，使天空闪闪地鬼䀹眼；直刺着天空中圆满的月亮，使月亮窘得发白。

鬼䀹眼的天空越加非常之蓝，不安了，仿佛想离去人间，避开枣树，只将月亮剩下。然而月亮也暗暗地躲到东边去了。而一无所有的干子，却仍然默默地铁似的直刺着奇怪而高的天空，一意要制②他的死命，不管他各式各样地䀹着许多蛊惑的眼睛。

---

① 此处说法依照作者原文，现行规范说法为"蝴蝶"。
② 此处说法依照作者原文，现行规范说法为"置"。

哇的一声，夜游的恶鸟飞过了。

我忽而听到夜半的笑声，吃吃地，似乎不愿意惊动睡着的人，然而四围的空气都应和着笑。夜半，没有别的人，我即刻听出这声音就在我嘴里，我也即刻被这笑声所驱逐，回进自己的房。灯火的带子也即刻被我旋高了。

后窗的玻璃上丁丁地响，还有许多小飞虫乱撞。不多久，几个进来了，许是从窗纸的破孔进来的。他们一进来，又在玻璃的灯罩上撞得丁丁地响。一个从上面撞进去了，他于是遇到火，而且我以为这火是真的。两三个却休息在灯的纸罩上喘气。那罩是昨晚新换的罩，雪白的纸，折出波浪纹的叠痕，一角还画出一枝猩红色的栀子。

猩红的栀子开花时，枣树又要做小粉红花的梦，青葱地弯成弧形了……我又听到夜半的笑声；我赶紧砍断我的心绪，看那老（注：指死）在白纸罩上的小青虫，头大尾小，向日葵子似的，只有半粒小麦那么大，遍身的颜色苍翠得可爱，可怜。

我打一个呵欠，点起一支纸烟，喷出烟来，对着灯默默地敬奠这些苍翠精致的英雄们。

名家写作课

神秘老师　　妙妙　　奇奇

同学们，前面我们已经讲了很多关于描写植物和景物的写作方法，大家有什么心得体会吗？

写景状物的时候，不仅要描写清楚景物，还要融入情感。

描写要按照一定的顺序，这样文章才有条理。

大家说的都没错。不过有的时候，写景状物没有特定的顺序，而是像拍照一样，镜头对着哪里就写哪里。

还能这么写？

当然啦，这种方法就叫作镜头特写法，就是在描写事物时，对有典型意义的景物作突出、集中、细致的描写，以造成强烈的艺术效果。

我还是第一次听说这种写法，老师快给我们讲讲吧。

好，今天我们就通过鲁迅先生的《秋夜》来学习镜头特写法。这篇文章的写作背景非常特殊，有着特别的寓意，感兴趣的同学可以课后查阅相关资料，我们把重点放在描写景物上。

老师，这篇文章作者用了几个镜头呀？

这个问题问得好。从全文内容来看，总共用了三个镜头。大家找一找都有哪三个吧。

第一个镜头是第一至三自然段，分别写了枣树、夜空和花草。第二个镜头是第四至六自然段，分别写了枣树、夜空和恶鸟。

完全正确。第三个镜头是第八、九自然段，主要写了小飞虫和灯罩。接下来，我们分别来看看三个镜头具体写了什么。

第一个镜头描写了两棵枣树，营造了一种镜头随着视线而左右移动的效果，手法非常精巧。写到夜空时，用了"奇怪而高"这个词，突出了夜空的恐怖，也暗讽了当时的社会环境。最后"极细小的粉红花"在寒冷的夜里"瑟缩地做梦，梦见春的到来"，运用了象征手法，用枣树象征鲁迅这样的革命人士，突出了他们在革命事业里的艰难；而"春"则象征着光明，突出他们对革命的坚定与充满希望。

妙妙分析得非常棒。作者通篇文章都运用了象征手法，表面上写的是夜色，实际上写的是当时严峻的革命环境。

第二个镜头又回到了枣树。此时的枣树"简直落尽了叶子""单剩干子""脱了当初满树是果实和叶子时候的弧形"，说明枣树受到冰冷的夜的迫害，失去了生命力，只剩下躯体。然而"有几枝还低亚着，护定他从打枣的竿梢所得的皮伤""最直最长的几枝……直刺着奇怪而高的天空"，写出了枣树虽然变得干枯，但他的身体依然在"革命"。最后镜头回到了夜空，夜色"越加非常之蓝"表明当时的形势越来越严酷。

太棒了。没想到大家这么快就领悟了文章的内涵。最后一个镜头给到了作者的屋子里，对准了灯罩和上面的小飞虫，"许多小飞虫乱撞""雪白的纸，折出波浪纹的叠痕""一枝猩红色的栀子"，通过对这些事物的描写，不仅突出了作者的情感，也营造了一种神秘而冰凉的气氛。

我感觉这三个镜头虽然看似随意"拍摄"，但实际上有着强烈的关联。

是这样的。镜头特写法不仅把描写的焦点落在主要的事物上，突出主要事物的特点和背后的寓意，而且更容易营造特定氛围。镜头的切换和转移又让文章内容显得更充实，节奏明快，主题突出。

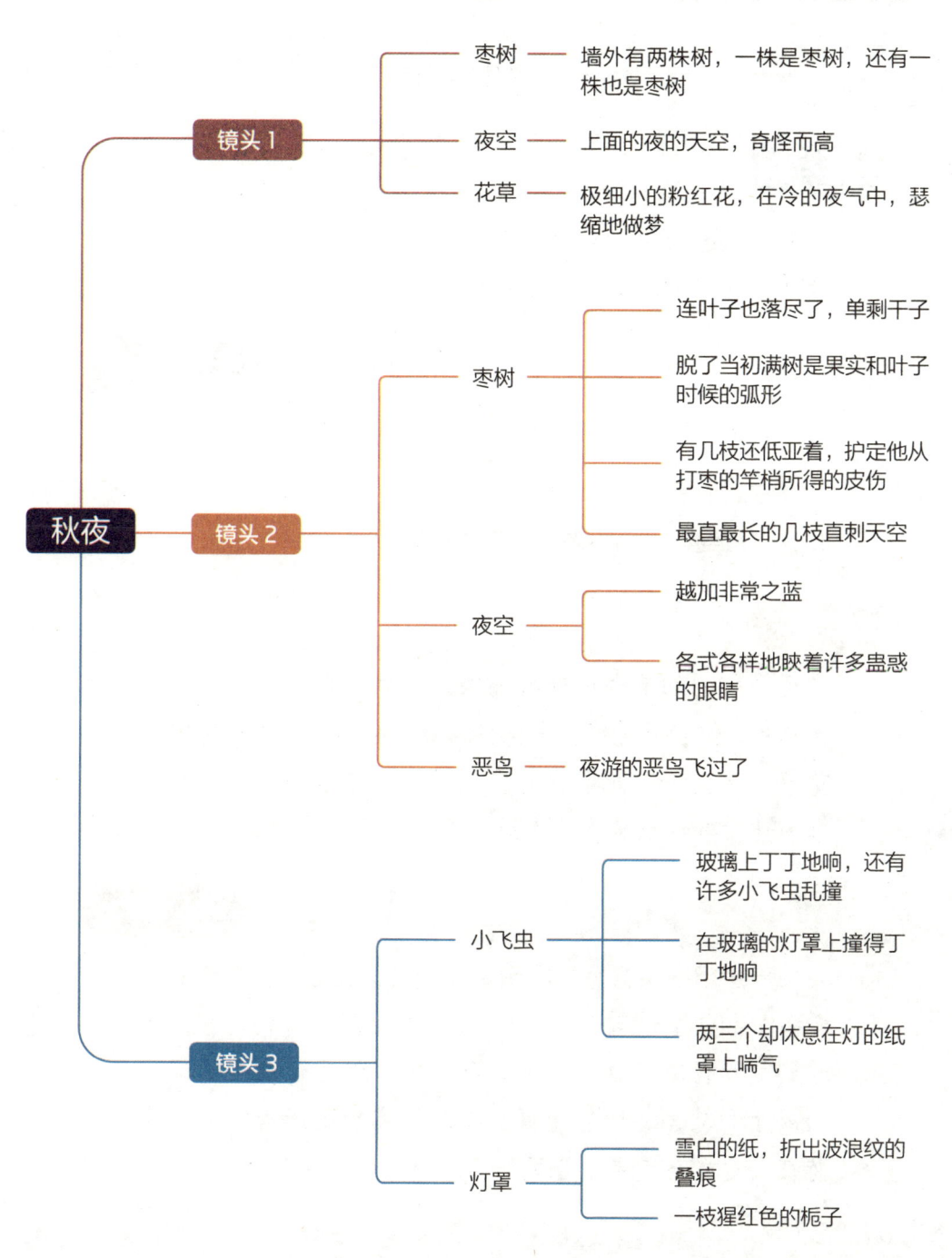

秋夜

镜头1
- **枣树** —— 墙外有两株树，一株是枣树，还有一株也是枣树
- **夜空** —— 上面的夜的天空，奇怪而高
- **花草** —— 极细小的粉红花，在冷的夜气中，瑟缩地做梦

镜头2
- **枣树**
  - 连叶子也落尽了，单剩干子
  - 脱了当初满树是果实和叶子时候的弧形
  - 有几枝还低亚着，护定他从打枣的竿梢所得的皮伤
  - 最直最长的几枝直刺天空
- **夜空**
  - 越加非常之蓝
  - 各式各样地睞着许多蛊惑的眼睛
- **恶鸟** —— 夜游的恶鸟飞过了

镜头3
- **小飞虫**
  - 玻璃上丁丁地响，还有许多小飞虫乱撞
  - 在玻璃的灯罩上撞得丁丁地响
  - 两三个却休息在灯的纸罩上喘气
- **灯罩**
  - 雪白的纸，折出波浪纹的叠痕
  - 一枝猩红色的栀子

一、思路点拨

奇奇

老师，我发现镜头特写法有一个巧妙的用处，那就是能很好地展示所描写景物的细节。

神秘老师

说的没错。镜头特写法在文章中主要有两个作用：
1. 集中展现景物的细节和局部特征。
2. 使文章结构疏而不散，具有动态画面感。

妙妙

展现景物的细节和局部特征很好理解。在《秋夜》这篇文章中，作者通过镜头之间的转换，分别把枣树、夜空、花草、飞虫等不同事物的特点描写得非常细致。这样很容易让读者认识事物的本质，领会文章的主旨。

神秘老师

是的。运用镜头特写法展示事物的特征和细节，能够显著增强作品的真实感和表现力。鲁迅先生写了《秋夜》，他看到的秋夜真是这样的吗？不一定。但通过镜头特写法的展示和刻画，读者能更加直观地感受到所描写事物的特征，这样，读者就能更好地理解文章的主旨了。

奇奇

怪不得我能很快明白夜空、枣树、花草这些事物的象征意义，原来也是镜头特写法的功劳。

妙妙

老师，第二个作用怎么理解呢？

神秘老师

我们都看过电影，电影是由一个个连续排列在一起的镜头组成的，电影中的镜头就类似《秋夜》这篇文章所描写的事物和画面。作者在每两种画面之间没有使用明显的连接词，比如第一自然段写枣树，第二自然段写夜空，中间没有任何过渡，直接从枣树写到了夜空。这相当于电影剪辑中的镜头切换。

妙妙

我懂了。镜头切换，在电影里是场景转换的方法，而在文章里是所描写的一个事物和画面过渡到另一个事物和画面的方法。通过这种切换，让文字所描绘的画面有了电影的动态感。

神秘老师

就是这样。

二、技法指导

奇奇

我们在作文时怎么运用镜头特写法呢？

神秘老师

想要把镜头特写法运用好，关键是"特写"两个字，诀窍是：

1. 细心观察。
2. 展示细节。

妙妙

老师，展开讲讲吧。

神秘老师

第一步是细心观察，选择不同的角度、不同的时间对事物进行观察，找到最能表现其特点的细节。

第二步是展示细节，运用丰富的语言来描绘特写事物的特征和细节。比如描写植物可以从形状、颜色、质地、气味等方面入手，运用多种感官、动静结合、点面结合等方法，加上比喻、拟人等修辞，让读者感受到事物的独特之处。

妙妙

这种方法和特征法有点类似。

神秘老师

特征法，重点在事物的某个局部特征的细节展示。而镜头特写法，重点在有典型意义的事物和事物所处的环境。

奇奇

我不太懂。

神秘老师

还以《秋夜》为例，作者写枣树的时候，提到了后园墙外。写夜空的时候，是从枣树开始写的。写花草的时候，提到了冰冷的环境。注意到区别了吗？

妙妙

镜头特写法就像电影中的镜头一样，一个镜头里不仅包含所描写的事物，还有具体的环境，甚至还有人物。它聚焦的是一个场景。

神秘老师

没错。而特征法所描写的内容，可以说是镜头特写法所描写的内容的一部分，特征法聚焦的是某一个单独事物的一部分。

写作练笔

　　同学们，通过今天的学习，你们学会运用镜头特写法描写景物了吗？快拿起笔动手写一写吧！

1. 你仔细观察过自己的校园吗？校园里有没有一处优美的景物让你心动呢？
2. 试着运用镜头特写法，把这处景物描写出来吧。

老师/家长点评

名篇欣赏

杨　柳（节选）

▲丰子恺

假如我现在要赞美一种植物，我仍是要赞美杨柳。但这与前缘无关，只是我这几天的所感，一时兴到，随便谈谈，也不会像信仰宗教或崇拜主义地毕生皈依它。为的是昨日天气佳，埋头写作到傍晚，不免走到西湖边的长椅子里去坐了一会。看见湖岸的杨柳树上，好像挂着几万串嫩绿的珠子，在温暖的春风中飘来飘去，飘出许多弯度微微的S线来，觉得这一种植物实在美丽可爱，非赞它一下不可。

听人说，这种植物是最"贱"的。剪一根枝条来插在地上，它也会活起来，后来变成一株大杨柳树。它不需要高贵的肥料或工深的壅（yōng）培，只要有阳光、泥土和水，便会生活，而且生得非常强健而美丽。牡丹花要吃猪肚肠，葡萄藤要吃肉汤，许多花木要吃豆饼，杨柳树不要吃人家的东西，因此人们说它是"贱"的。大概"贵"是要吃的意思。越要吃得多，越要吃得好，就是越"贵"。吃得很多很好而没有用处，只供观赏的，似乎更贵。例如牡丹比葡萄贵，是为了牡丹吃了猪肚肠一无用处，而葡萄吃了肉汤有结果的缘故。杨柳不要吃人的东西，且有木材供人用，因此被人看作"贱"的。

　　我赞杨柳美丽，但其美与牡丹不同，与别的一切花木都不同。杨柳的主要的美点，是其下垂。花木大都是向上发展的，红杏能长到"出墙"，古木能长到"参天"。向上原是好的，但我往往看见枝叶花果蒸蒸日上，似乎忘记了下面的根，觉得可恶！你们是靠他养活的，怎么只管高踞在上面，绝不理睬他呢？你们的生命建设在他上面，怎么只管贪图自己的光荣，而绝不回顾处在泥土中的根本呢？花木大都如此。甚至下面的根已经被斫（zhuó，用刀斧砍削），而上面的花叶还是欣欣向荣，在那里作最后一刻的威福，真是可恶而又可怜！杨柳没有这般可恶可怜的样子：它不是不会向上生长。它长得很快，而且很高；但是越长得高，越垂得低。千万条陌头细柳，条条不忘记根本，常常俯首顾着下面，时时借了春风之力而向处在泥土中的根本拜舞，或者和他亲吻，好像一群活泼的孩子环绕着他们的慈母而游戏，而时时依傍到慈母的身旁去，或者扑进慈母的怀里去，使人见了觉得非常可爱。杨柳树也有高出墙头的，但我不嫌它高，为了它高而能下，为了它高而不忘本。

自古以来，诗文常以杨柳为春的一种主要题材。写春景曰"万树垂杨"，写春色曰"陌头杨柳"，或竟称春天为"柳条春"。我以为这并非仅为杨柳当春抽条的缘故，实因其树有一种特殊的姿态，与和平美丽的春光十分调和的缘故。这种特殊的姿态，便是"下垂"。不然，当春发芽的树木不知凡几，何以专让柳条作春的主人呢？只为别的树木都凭仗了春的势力而拼命向上，一味求高，忘记了自己的根本，其贪婪之相不合于春的精神。最能象征春的神意的，只有垂杨。

名家 介绍

丰子恺（1898—1975），原名丰润。中国画家、文学家、美术和音乐教育家。著有《音乐入门》，译有《西洋画派十二讲》和《源氏物语》《猎人日记》等多种外国文学作品。擅散文和诗词，文笔隽永清朗，语淡意深，有《缘缘堂随笔》等。

名家写作课

神秘老师　　妙妙　　奇奇

老师，自从我们学习了借物喻人的写法之后，我总想试一试，但找不到合适的植物，感觉从植物身上找到和人相似的特征太难了。

其实只要认真观察，任何一种身边的普通植物都蕴含着深刻的哲理，或者象征着某种人的品质。今天我们就一起学习一下丰子恺先生的《杨柳》，来看看他是如何叙写一株普通的杨柳树身上蕴含着的深刻的哲理的。谁来说说这篇文章表达了作者怎样的思想感情呢？

我来说！本文通过赞美杨柳"卑贱"而有用、高而能下的品质，体现了作者在处世待物上超越世俗名利欲念的人生观念。

奇奇说的对。妙妙来找一找本文的中心句。

中心句就是开篇第一句："假如我现在要赞美一种植物，我仍是要赞美杨柳。"

很好，作者为了赞美杨柳的品质，分别从三个方面进行了并列说明，大家找一找，顺便复习一下文章的并列结构吧！

第二自然段写杨柳"低贱"，不过作者不是要贬低杨柳，而是运用了贬词褒用的写法。杨柳"不需要高贵的肥料""只要有阳光、泥土和水"，而"牡丹花要吃猪肚肠……许多花木要吃豆饼"。虽然牡丹花和一些花木吃得好，但它们除了观赏没有实际用途。而且，杨柳不需要特殊照顾，随便一根树枝插在地上就能活起来，长大之后木材还能为人所用。通过衬托和贬词褒用，作者赞美了杨柳虽然低贱但却为人们做贡献的品质。

第三自然段写杨柳不忘本。同样也是运用了衬托的写法，花木大都是向上发展的，红杏能长到"出墙"，古木能长到"参天"。它们都只顾着一味向上生长，从来不理睬自己的根。而杨柳不同，它越是长大，越是向下，而且条条树枝都伸向根本。这里还运用了比喻句，把树枝比喻成孩子，把树根比喻成母亲，描绘了一幅母亲与孩子嬉戏玩乐的场景。通过牡丹、红杏等的衬托，赞美了杨柳高而能下、不忘本的品质。

大家分析得很完整，我来说最后一点。第四自然段写的是杨柳树非常符合春天的精神。春天万物都借助春天的势力竞相向上生长，唯独杨柳完全不贪婪，面对春的眷顾依然保持下垂的谦虚姿态，所以才会被当成是春天的代表。通过这样的描写，赞美了杨柳的谦虚精神。

通过咱们的分析，我有一个重大发现。这篇文章和过去我们学的借物喻人、托物言志似乎不太一样，好像作者描述杨柳的各种品质是在传递一些道理。

奇奇说的没错，这就是今天我们学习这篇文章的目的。文章虽然一直在描写杨柳树，实际上说明了一个做人的道理，这种方法就叫作借物喻理。让我们总结一下本文的思路吧！

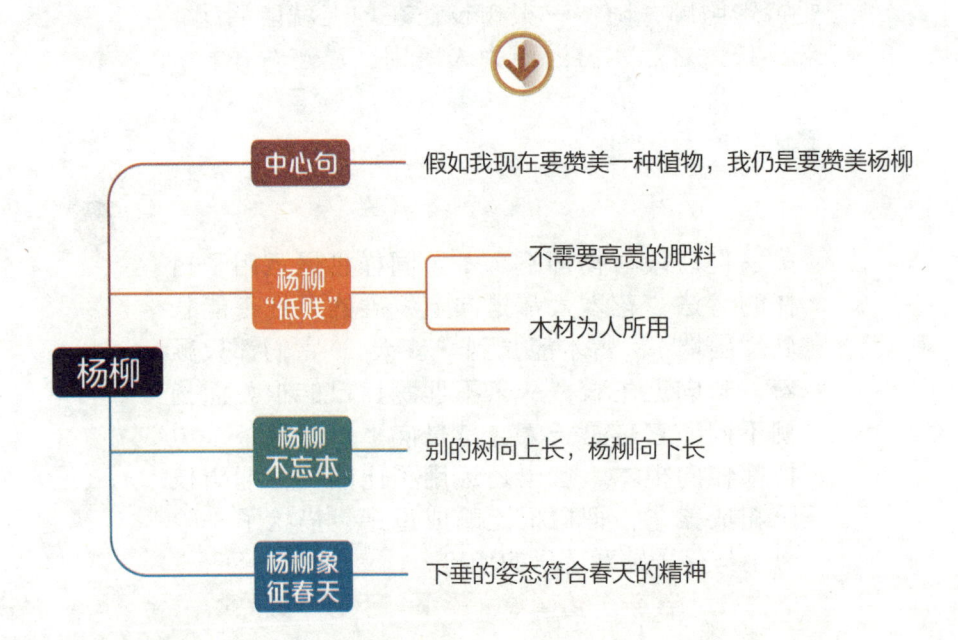

杨柳
- 中心句 —— 假如我现在要赞美一种植物，我仍是要赞美杨柳
- 杨柳"低贱"
  - 不需要高贵的肥料
  - 木材为人所用
- 杨柳不忘本 —— 别的树向上长，杨柳向下长
- 杨柳象征春天 —— 下垂的姿态符合春天的精神

写作加油站

一、思路点拨

神秘老师

通过刚才的文章分析，我们已经了解，借物喻理这种写法实际上是借物喻人的延伸。借物喻人指的是借某一事物的特点，来描写人的品质、特征或行为。而借物喻理则是借用某种事物的特点来比喻某种道理或人的某种精神。

妙妙

从定义上看，这两种写法的区别还是很大的。但写作文的时候应该怎么运用借物喻理呢？

奇奇

没错，我也想知道，因为我发现好像借物喻理能让文章变得更高级。

神秘老师

好，那我们就来说一说如何从植物身上找到与人相似的特征吧，顺便回答妙妙开头提出的问题。平常我们观察植物的时候，首先会观察它的形态、叶片、花朵以及生活环境。从这些普通特征很难总结出什么道理或者品质，为此，老师给大家总结了一个方法叫作落差法。

奇奇

落差法，听起来心里就有强烈的情感波动。

神秘老师

就是这样，奇奇说到了这个方法的重点上了，落差法，顾名思义就是寻找植物的优势与劣势，通过好坏落差的对比，总结深刻的哲理。

妙妙

哦，我好像明白了。今天我们学习的《杨柳》这篇文章里，杨柳长得很高大、线条很美丽，这是杨柳的优势；而杨柳没什么好吃的，也没人精心照顾，这是它的劣势。通过优劣对比，作者总结出了杨柳卑微但为人所用的品质。

神秘老师

没错，就是这个意思。

二、技法指导

神秘老师

大家运用落差法，从植物身上提炼品质、人生道理的时候，可以分成三步：

1. 总结植物的优势。
2. 总结植物的劣势。
3. 优劣对比和人的生活类比。

为了更直观地说明，我们举个例子来试试吧。大家都见过松树，我们拿黄山的迎客松举例。第一步，迎客松的优势是什么呢？

奇奇

长得特别挺拔、健壮。

神秘老师

第二步，迎客松的劣势是什么呢？

妙妙

它的生活环境很糟糕，没有像其他树那样有同伴，没有肥沃的土壤，也没人施肥浇水，一切只能靠自己。通过优势和劣势的对比，迎客松虽然生活环境艰辛，但依靠自己的努力依然成长为参天大树。

神秘老师

没错。第三步，和人的生活类比。迎客松能提炼的道理是：哪怕身处恶劣环境，也要不断拼搏。

妙妙

哇,有了这三步,好像用某种植物的特点来比喻某种道理就变得很简单了,这样我下次再运用借物喻人或者借物喻理就得心应手啦!

神秘老师

大家还记得老师之前提到的素材档案和观察日记吗?

奇奇

当然记得啦,我一直坚持写呢!

神秘老师

很好,大家一定要坚持写,不仅可以记录日常素材,还能激发灵感,只有不断积累,勤于思考,有了素材才能更好地借物喻人或者借物喻理。

最后,老师把生活中常见的植物身上蕴含着的道理列成表格,供大家参考学习。

植物	优势	劣势	道理
梅花	花香怡人	花期短	不争不抢
兰花	娇俏幽香	深谷无人识	淡泊名利
竹子	常年翠绿挺拔	易受损	不屈不挠
杨柳	高大美丽不忘本	无人照顾	卑微而有用
小草	春风吹又生	虚弱易被摧残	生命力顽强

写作练笔

同学们,《杨柳》学完了,你们学会借物喻理的写法了吗?快来动笔试一试吧。

1. 仔细观察生活中的一种普通植物。
2. 试着用落差法分三步从它身上提炼道理。
3. 然后按照《杨柳》的行文思路,写一篇借物喻理的文章。

老师/家长点评

名篇欣赏

看 花 (节选)

▲朱自清

家里人似乎都不甚爱花；父亲只在领我们上街时，偶然和我们到"花房"里去过一两回。但我们住过一所房子，有一座小花园，是房东家的。那里有树，有花架（大约是紫藤花架之类），但我当时还小，不知道那些花木的名字；只记得爬在墙上的是蔷薇而已。在那时由一个顽皮的少年仆人领了我去，却只知道跑来跑去捉蝴蝶；有时掐下几朵花，也只是随意挼（ruó，揉搓）弄着，随意丢弃了。

以后渐渐念了些看花的诗，觉得看花颇有些意思。后来到杭州做事，遇见了Y君，他是新诗人兼旧诗人，看花的兴致很好。我和他常到孤山去看梅花。孤山的梅花是古今有名的，但太少；又没有临水的，人也太多。

有一回，Y来说，灵峰寺有三百株梅花；寺在山里，去的人也少。我和Y，还有N君，从西湖边雇船到岳坟，从岳坟入山。曲曲折折走了好一会，又上了许多石级，才到山上寺里。那时已是黄昏，寺里只我们三个游人；梅花并没有开，但那珍珠似的繁星似的骨都儿，已经够可爱了；我们都觉得比孤山上盛开时有味。大殿上正做晚课，送来梵呗的声音，和着梅林中的暗香，真叫我们舍不得回去。在园里徘徊了一会，又在屋里坐了一会，天是黑定了，又没有月色，我们向庙里要了一个旧灯笼，照着下山。

Y回北平去了，我也到了白马湖。那边是乡下，只有沿湖与杨柳相间着种了一行小桃树，春天花发时，在风里娇媚地笑着。还有山里的杜鹃花也不少。这些日日在我们眼前，从没有人像煞有介事地提议，"我们看花去。"但有一位S君，却特别爱养花；他家里几乎是终年不离花的。我们上他家去，总看他在那里不是拿着剪刀修理枝叶，便是提着壶浇水。我们常乐意看着。他院子里一株紫薇花很好，我们在花旁喝酒，不知多少次。白马湖住了不过一年，我却传染了他那爱花的嗜好。

但重到北平时，住在花事很盛的清华园里，接连过了三个春，却从未想到去看一回。只在第二年秋天，曾经和孙三先生在园里看过几次菊花。"清华园之菊"是著名的，孙三先生还特地写了一篇文，画了好些画。但那种一盆一干一花的养法，花是好了，总觉没有天然的风趣。直到去年春天，有了些余闲，在花开前，先向人问了些花的名字。一个好朋友是从知道姓名起的，我想看花也正是如此。恰好Y君也常来园中，我们一天三四趟地到那些花下去徘徊。今年Y君忙些，我便一个人去。我爱繁花老干的杏，临风婀娜的小红桃，贴梗累累如珠的紫荆；但最恋恋的是西府海棠。海棠的花繁得好，也淡得好；艳极了，却没有一丝荡意。疏疏的高干子，英气隐隐逼人。可惜没有趁着月色看过；王鹏运有两句词道："只愁淡月朦胧影，难验微波上下潮。"我想月下的海棠花，大约便是这种光景吧。

名家写作课

神秘老师　妙妙　奇奇

同学们，我们在课堂上学习过说明文，大家还记得写说明文都有哪些说明顺序吗？

说明文的说明顺序有三种，分别是时间顺序、空间顺序和逻辑顺序。

没错。说明顺序是使说明内容条理化的必要条件，也是说明文结构的关键要素之一。今天，我们就通过朱自清先生的《看花》来学习一下**逻辑顺序**。

这篇文章读完了之后，我觉得作者前后对花的态度发生了很大变化。

奇奇发现了文章的关键之处。大家来找一找，作者对花的态度都有哪些变化。

我先说，第一自然段，作者一家租的房子有一座小花园，但作者"不知道那些花木的名字""只知道跑来跑去捉蝴蝶"说明作者没怎么关注过花，"有时掐下几朵花，也只是随意按弄着"说明作者对花并不在意。

第二、三、四三个自然段，作者对花的态度发生了轻微的变化。变化的起因是"念了些看花的诗"，于是作者觉得花似乎变得很有意思了。后来，作者的朋友Y君邀请他去灵峰寺看梅花，"那珍珠似的繁星似的骨都儿，已经够可爱了""比孤山上盛开时有味""真叫我们舍不得回去"三句话，表达了作者对梅花的喜爱之情。段落的最后写作者和朋友玩儿到天黑才回去，足见对梅花的喜爱。

你们分析得很好，最后两个自然段我来说。作者由之前对花不感兴趣，慢慢变得喜欢，到了文章最后竟然"爱"上了花，主要因为被S君"传染了他那爱花的嗜好"。作者生活在清华园，对那里的花都很喜爱，但最爱的还是西府海棠。"花繁得好，也淡得好""英气隐隐逼人"，几句话写出了海棠花的好几种形态，无论哪种，作者都喜欢。

作者对花的态度的变化，和说明文的逻辑顺序有什么关联呢？

你们想想作者对花的态度的转变过程，从不感兴趣，到慢慢喜欢，到最后爱上了花，为什么会有这种转变？根本原因在于作者对花的认知发生了变化。

这就像交朋友一样，一开始不熟悉，就比较疏远。后来熟络了，关系就变好了。

妙妙说的没错，作者对花的态度的变化过程，其实是对花的认识过程，这种过程就是典型的逻辑顺序。随着认识的深入，对花的情感也加深，文章的感染力自然就增强了。这就是运用逻辑顺序来描写植物的好处。最后我们总结一下文章的思路。

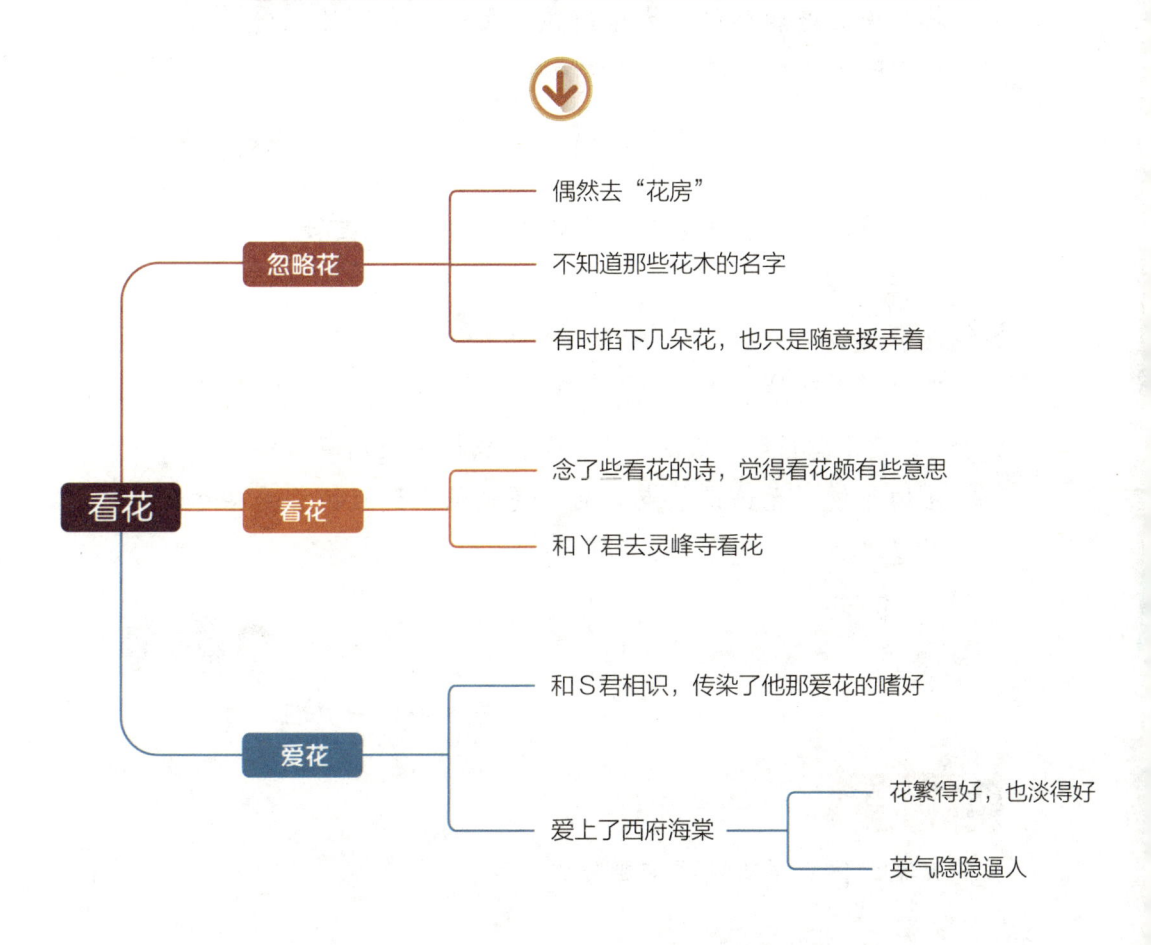

看花
- 忽略花
  - 偶然去"花房"
  - 不知道那些花木的名字
  - 有时掐下几朵花，也只是随意按弄着
- 看花
  - 念了些看花的诗，觉得看花颇有些意思
  - 和Y君去灵峰寺看花
- 爱花
  - 和S君相识，传染了他那爱花的嗜好
  - 爱上了西府海棠
    - 花繁得好，也淡得好
    - 英气隐隐逼人

写作加油站

一、思路点拨

神秘老师

其实说到逻辑顺序，大家应该不陌生。大家还记得《从百草园到三味书屋》这篇文章吗？

妙妙

当然记得啦，那篇文章里运用了点面结合的写法。

神秘老师

没错。点面结合中，"点"属于局部，"面"是整体，点和面之间就存在合理的逻辑关系。我们在运用点面结合写法的时候，无论是从点到面，还是从面到点，都是在运用逻辑顺序。

奇奇

原来我们一直在用呀。

神秘老师

大家记住，逻辑顺序主要分成两种：

1. 事物的内部联系。
2. 认识事物的过程。

今天我们学习的《看花》这篇文章就属于第二种逻辑顺序。从对花不了解，到慢慢喜欢看花，到最后爱上花，整个过程是作者对花从不了解到深入了解的过程。

奇奇

第一种也很好理解，指的是一个事物内部各要素之间的联系。比如描写柳树的时候，先写叶子，再写树枝，这其实是按照柳树内部各要素之间的联系写的。

神秘老师

解释得非常好。

二、技法指导

妙妙

老师，我们平常写作文的时候，主要会用到哪些逻辑顺序呀？

神秘老师

我们先看第一类逻辑顺序：事物的内部联系。
一般包括以下几种：

1. 从原因到结果。
2. 从主要到次要。

3. 总分关系。

4. 并列关系。

妙妙

我们之前学习过文章结构,很好理解总分关系和并列关系。前两种是什么意思呢?

奇奇

从原因到结果很好理解。比如"这些年地球出现了温室效应,引发全球变暖,导致冰川融化",这句话运用的就是从原因到结果的逻辑关系。

神秘老师

奇奇说的很正确。从主要到次要,我们举例来说。我们想要描写颐和园的风景,但景点实在太多了,容易写乱,怎么办呢?我们可以概括介绍颐和园的各个景点,然后用很多的笔墨介绍主要景点。接着,再简单介绍几个次要景点就可以了。详细介绍主要的,简略介绍次要的,就是由主要到次要。

妙妙

那逻辑顺序的第二大类都有哪些呢?

神秘老师

第二大类：认识事物的过程。主要包括：

1. 由具体到抽象。
2. 由一般到特殊。
3. 由现象到本质。
4. 由概念到应用。

这几种比较难，你们能理解吗？

妙妙

我知道由具体到抽象，这种方法主要用在介绍科学道理上。比如想介绍雨的形成过程，可以以介绍云的种类、雨的种类这些具体事物为起点。

神秘老师

没错。由一般到特殊在写景的时候经常运用。比如描写春天的景色，先写春天花的整体特点，然后再写桃花的整体特点，最后细写桃花中的一种：碧桃。这就是典型的由一般到特殊的逻辑顺序。

奇奇

由现象到本质，就是先介绍事物的表面特征，然后介绍事物的根本性质。比如介绍面团，先介绍面团特别蓬松，充满气孔，这是现象；接下来介绍酵母粉的科学原理就是本质。

> **神秘老师**
>
> 不错不错,看来大家对逻辑顺序的理解很深刻了,顺利地从概念到应用层面了。其实我们每次讲作文、写作文就是由概念到应用的顺序。先介绍各种写作技巧,这是概念;大家课后去练习,这是应用。概念讲完了,现在到你们应用的时间了。

写作练笔

同学们，通过今天文章的学习，你们掌握逻辑顺序了吗？快动笔写一写吧！

1. 你最喜欢的一种植物是什么？查找资料了解它的内在逻辑关系。
2. 按照逻辑顺序写一写这种植物吧！

老师/家长点评

名篇欣赏

梅花时节（节选）

▲周瘦鹃

梅花延迟了一个月，终于在农历二月下旬，烂烂漫漫地开起来，可是已使人等得有些不耐烦了。梅开在百花之先，所以在花谱中总是居第一位，而它的品格，在百花中也确有居第一位的可能。古人曾说："水陆草木之花，香而可爱者甚众，梅独先天下而春，故首及之。"先天下而春，就是梅花的可爱与可贵处。

我对梅花有特殊的爱好，寒香阁中，平日本来陈列着瓷、铜、木、石、陶等梅花古玩，四壁又张挂着香雪海、梅花书屋、探梅图、梅花诗等旧书画。到了梅花时节，更少不了要供着活色生香的梅花，盆梅和瓶梅，全都上场了。还有梅丘上的那间梅屋，本来窗上门上都有梅花图案，并挂着用银杏木刻就的宋代杨补之和元代王元章的画梅，而雄踞中央的，还有一只浮雕梅花的六角几。今年，我在东角和西角的矮几上，分陈着两盆老干的绿萼梅，所谓疏影横斜，暗香浮动，那是当之无愧的。那六角几上的一只古陶坛中，插着一枝铁骨红梅；而一只树根几上安放着的唐代大诗人白香山手植桧的一段枯木中，插上一枝胭脂红梅，于是这梅花时节的梅屋，也就楚楚可观了。

此外如爱莲堂和紫罗兰盦（ān，同"庵"）中的案上几上，更陈列着二十多盆大型、小型的梅桩，而以苏州故名画师顾鹤逸先生手植的那株绿萼老梅为甲观，枯干苍古入画，好像一头鹤鼓翼而舞，我因名之曰"鹤舞"。这一株老梅，寿在百龄以上，顾氏后人移赠于我，已历三年，我珍如拱璧，苦心培养，今年的成绩，更胜于前二年，这是我所沾沾自喜的。

农历二月二十五日起，梅屋、梅丘一带的十多株梅树，全都盛开，就中以全白而单瓣的江梅为多。宋代范成大所谓"疏瘦有韵"，得"荒寒清绝"之趣。此外如绿萼梅、淡红梅、朱砂红梅、胭脂红梅和日本种的鹿儿岛梅、乙女梅等，点缀其间，蔚为大观。从梅屋门前向下一望，自成丽瞩，朋友们称之为"小香雪海"，我说不敢称海，还是称之为"香雪溪"吧。我所作歌颂梅花的诗词不少，现在把我口头常在吟哦着的几首梅屋诗写在这里：

"冷艳幽香入梦闲，红苞绿萼簇回环。此间亦有巢居阁，不羡逋仙一角山。"

"屋小屏深膝可容，隔帘花影一重重。日长无事偏多梦，梦到罗浮四百峰。"

"合让幽人住此中，敲诗写韵对梅丛。南枝日暖花如锦，掩映湘帘一桁红。"

"闻香常自掩重扃（jiōng），折得梅花插玉瓶。昨夜东风今夜月，冰魂依约上银屏。"这梅花时节的梅屋，确是可以流连一下的。

名家 介绍

周瘦鹃（1894—1968），原名祖福，字国贤。中国作家。历任中华书局、《申报》《新闻报》编辑，为鸳鸯蝴蝶派代表作家之一。亦致力于园艺和盆景的研究。中华人民共和国成立后，曾任江苏省博物馆和苏州市博物馆名誉副馆长等职，并从事散文创作和盆景制作。著有《行云集》《花花草草》《花前琐记》《园艺杂谈》《盆栽趣味》等。

名家写作课

神秘老师　妙妙　奇奇

前面我们学习了很多描写单一植物的方法,但如果我们遇到很多植物,或者在某个很大的空间内,有很多相同的植物应该怎么写呢?

那还不简单,看到什么就写什么。

那可不行,那样就写乱了。老师,我觉得应该按照前后左右,或者由内而外的顺序写。

妙妙说的对,其实这就是空间顺序。在描写景物的时候,空间顺序是一种很常用的描写顺序,指的是按照一定空间内植物的相对位置去写。今天我们就通过周瘦鹃先生的《梅花时节》来学习一下空间顺序吧。

这篇文章主要写的是作者家里各种各样的梅花,以及和梅花相关的装饰品,通过对这些事物的介绍,表达了作者对梅花的偏爱。

对。我们接下来看看作者是如何介绍他家里的梅花的。既然说到了空间顺序,你们先找找作者提到了家里的哪些区域。

按照作者介绍的顺序，首先第一级的空间是房间，比如寒香阁、梅屋、爱莲堂和紫罗兰盦，最后就是梅丘。

其次，第二级的空间是各个房间的小区域。寒香阁里写到了各处的陈列位，放着各种梅花的古玩，接着是四壁上挂着关于梅花的旧书画，然后是屋子里的陈列位摆放着盆梅和瓶梅。

接下来写的是梅屋，先写的是梅屋里带着梅花装饰的陈设，一进门，门窗上有梅花图案，和用银杏木刻的梅花图。推开门之后，看到梅屋中央摆放着六角几，也雕刻着梅花。然后写到梅花。东角和西角的矮几、六角几、树根几都摆放着各种梅花。这是由外而内的顺序。

最后的两个区域我来说吧。首先是爱莲堂和紫罗兰盦，陈列着很多盆景。其中一株绿萼老梅是作者最喜欢的，亲自照料了好几年，足可见作者对它的喜爱之深。最后写到了梅丘前边的一大片梅花，不仅梅花种类多，而且盛开的时候非常壮观，作者还亲自命名为"香雪溪"。从全篇文章来看，作者从各个屋子写到梅丘，是按照由内而外的顺序写的。

作者在描写梅花的时候，并没有像我们之前学过的《蜡梅花》里那样，把梅花的形态、颜色等特点描写出来，只是介绍了家里各处的梅花。

134

是的。这是因为这两篇文章的描写角度不同，《蜡梅花》是通过梅花表达对亲人的思念。而这篇文章是通过介绍家里的梅花多，表现自己对梅花的喜爱。**所以作者没有着墨于刻画一束梅花的特点，而用大量的笔墨依次介绍家里各个区域的众多梅花**，借此表达对梅花的喜爱。

奇奇，我举个例子你就明白了。比如你和同学比谁更喜欢看漫画杂志，你会怎么比？

当然是比谁的漫画杂志多了。我会说我客厅里有、卧室里有、书房里有，就连我的床底下都有。哦，原来这就是空间顺序呀！

这个例子很恰当，就是这样。我们最后总结一下文章脉络吧！

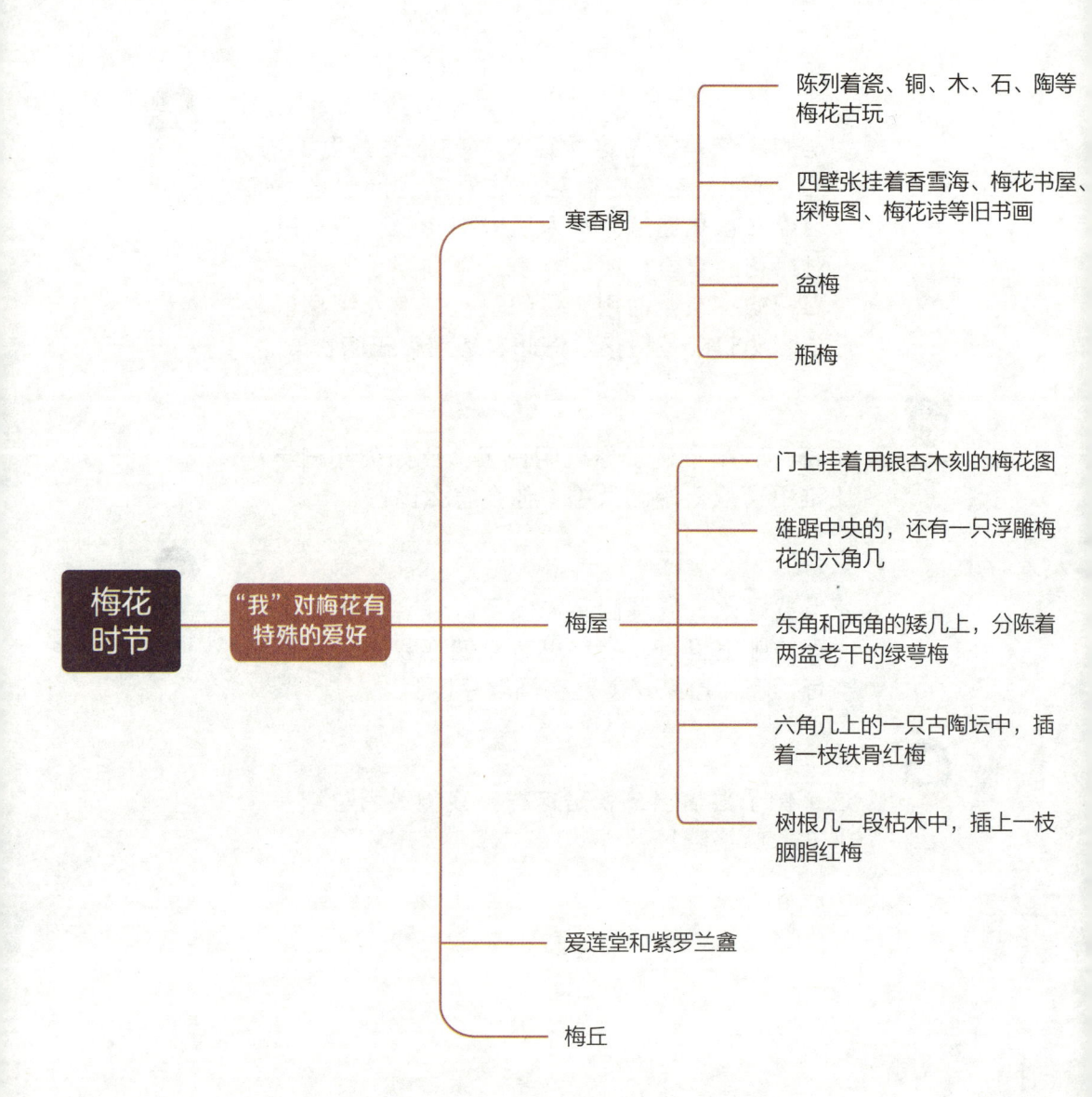

```
                                                    ┌─ 陈列着瓷、铜、木、石、陶等
                                                    │  梅花古玩
                                                    │
                                                    ├─ 四壁张挂着香雪海、梅花书屋、
                                        ┌─ 寒香阁 ──┤  探梅图、梅花诗等旧书画
                                        │           │
                                        │           ├─ 盆梅
                                        │           │
                                        │           └─ 瓶梅
                                        │
                                        │           ┌─ 门上挂着用银杏木刻的梅花图
                                        │           │
                                        │           ├─ 雄踞中央的，还有一只浮雕梅
                                        │           │  花的六角几
                                        │           │
            ┌──────────────┐            │           ├─ 东角和西角的矮几上，分陈着
┌──────┐    │"我"对梅花有  │            │           │  两盆老干的绿萼梅
│ 梅花 │────┤              │────────────┼─ 梅屋 ────┤
│ 时节 │    │ 特殊的爱好   │            │           ├─ 六角几上的一只古陶坛中，插
└──────┘    └──────────────┘            │           │  着一枝铁骨红梅
                                        │           │
                                        │           └─ 树根几一段枯木中，插上一枝
                                        │              胭脂红梅
                                        │
                                        ├─ 爱莲堂和紫罗兰盦
                                        │
                                        └─ 梅丘
```

写作加油站

一、思路点拨

妙妙

老师，我记得之前在讲解点面结合的写法时，提到了移步换景、定点观察等方法，我发现其实用这些方法描写景物实际上也运用了空间顺序。

神秘老师

你说的非常正确。今天我们学习的《梅花时节》这篇文章，一定程度上可以说是用了移步换景的方法，因为发生了空间的转换。而定点观察，虽然观察者的位置没有变化，但视线的远近变化了，也相当于发生了空间的转移。所以说，这两种写景的方法都属于空间顺序的范畴。

奇奇

那么运用空间顺序描写景物的时候有什么要注意的吗？

神秘老师

当然有啦，想要运用好空间顺序，我们需要从两个角度去考量，分别是"空间"和"顺序"。

首先要明确空间方位是什么。我们生活在三维立体空间内，有六个主要的方位，分别是上下、左右和前后。这六个空间方位属于绝对方位。由此还根据参照物的不同，延伸出了其他方位，比如远近、内外、整体与局部等。

其次要按照顺序描写。 随着空间的转换，景物也会发生变化。要以空间的描写为基准点，描写时要层次分明，避免混乱。

妙妙

老师，您能举个例子吗？

神秘老师

如果让你们描写整个公园的植物，你们会运用什么样的空间顺序？

奇奇

我就沿着公园的游览路线一路走，看到好看的事物就描写下来。多简单呀！

妙妙

我觉得最好的方式应该是按照东南西北的顺序来写。

神秘老师

我来点评一下。虽然奇奇的方法有点移步换景的意思，但很容易随着观察点的变化而变得混乱。沿着游览路线走，有左右之分，也有远近之分，所以**运用移步换景，首先要做的就是每到达一个地点，就要点明这个地点，然后再按照前后左右等顺序，把这个地点的景物写清楚。最后前往下一个地点，再按照这种方式描写下一个地点的景物。**

比如：

进入公园正门，正门左边什么样，右边什么样……

来到游乐场，游乐场前面是什么，后边有什么……

经过小池塘，池塘的岸边有什么，池塘的水面有什么……

奇奇

原来移步换景这么麻烦呀，还是妙妙的方法简单，只写四个方向的景物就好啦。

神秘老师

没错，妙妙的空间方位非常清晰，但由于范围比较大，所以在每一个方位上，也要细分方位。比如：

公园的北边，有一个小池塘，池塘的左边是一片花田，右边是一排桃树……

这样，在每一个方位上找到一个参照物，然后以参照物为基准，再按照某种空间顺序描写。

二、技法指导

奇奇

老师，我查了一下，空间顺序实在太多啦，有从远到近、从近到远、从整体到局部、从四周到中间……这么多，到底应该怎么用呢？

神秘老师

空间顺序是所有描写顺序中种类最多的。不过该用哪种顺序，也有一定的区分方法。我们可以从描写的事物去区分。

如果描写的是单个事物，比如植物和动物，可以选用前后、上下、左右、整体与局部、远近等方位。

如果描写的是单个的建筑物，可以选用前后、上下、左右、整体与局部、远近、内外等方位。

如果描写的是群体事物，比如一片植物或一群动物，可以选用整体与局部、中间与周围这种类似点面关系的方位。

如果描写的是建筑群，可以选用东南西北、中间与周围、前后、左右等方位。

如果描写混杂的事物，包含动物、植物、建筑等等，首先选定一个参照物，然后以参照物为方位基准点进行描写。

奇奇

好复杂呀。

神秘老师

别急，我们举例来说。如果描写池塘边的一株垂柳，该选用什么顺序呢？

妙妙

这属于描写单个事物，可以选择从上到下，由远及近或者从整体到局部的顺序。

神秘老师

很好，假如要描写池塘边的景物呢？

奇奇

池塘边有建筑、植物、行人等等，很容易写乱。

神秘老师

奇奇忘了最重要的一步：先选定参照物。我们可以选定一个建筑，比如池塘边的某某桥、某某店，当然也可以直接用池塘作为参照物。按照池塘东南西北的方位顺序去描写。

奇奇

原来是我忘了关键点！我现在就动笔写一写。

写作练笔

同学们，通过今天的学习，你们掌握空间顺序了吗？快来动笔试一试吧！

1. 选取一种生活中常见的植物，比如梧桐树、垂柳等。
2. 试着从不同角度和方位对它进行观察。
3. 用空间顺序把你观察到的景物写下来。

老师/家长点评

名篇欣赏

装点严冬一品红

▲周瘦鹃

一品红是什么？原来就是冬至节边煊赫一时的象牙红。它有一个别名，叫作猩猩木，属大戟（jǐ）科。虽名为木，其实是多年生的草本，茎梢是草质，不过近根的部分是木质化的。它的产地是北美的墨西哥，不知什么时候输入我国，现则到处都在栽种了。

一品红的叶片，绿得像翡翠一样，模样儿好像梭子，又像箭镞（zú，箭头），叶面上有很细的茸毛，又络着红丝，很为别致。到了初冬，顶叶就从翠绿色转变为黄，也有变作浅红或深红的，因种类不同，转变的色彩也各异，而以深红的一种为最美，简直像朱砂那么鲜艳。一般人以为这就是花，其实是叶，也正像雁来红的顶叶一样，往往会被人认作花瓣。顶叶的中心有一簇鹅黄色的花蕊，一个个像小型的杯子，这是给蜂蝶作授粉之用的。今春我曾在北京中山公园唐花坞中，看到顶叶为浅红色的一品红，茎干很矮，比长干的好。时在三月，并不是顶叶变色的时期，原来也是用催延花期的方法把它延迟的。听说青岛有一种顶叶作白色的，自是此中异种，可是与一品红的名称未免不符了。

一品红的繁殖，都用扦插的方法。到了清明节后，把老木上的茎干剪为若干段，剪断处流出乳状的白汁，须等它干了之后，才一段段斜插在田泥和糠灰的盆里，随时灌水，力求湿润。过了一个多月，就会生出根须来。这时便可分株翻盆，一盆一株。到了夏季大伏天里，应将每株剪短，剪下来的新枝，再行扦插，愈插愈多；这时也必须经常灌溉，不可怠忽。农历九月中，开始施肥，先淡后浓，一个月后须施浓肥，一面就得把盆子移到温室里去培养。入冬以后，切忌受寒，非保持华氏五六十度①的温度不可。记得去冬曾有两大盆，每盆五六枝，猩红的顶叶与翠绿的脚叶，相映成趣。不料突然来了个寒潮，仅仅在一夜之间，叶片全都萎了，第二天任是喷水曝日，再也挺不起来。这个一品红竟好像是千金小姐养成的一品夫人，实在是不容易伺候的。

---

① 此处说法依照作者原文，现行规范说法为"五六十华氏度"。

名家写作课

神秘老师　妙妙　奇奇

老师，自从上次学习了周瘦鹃先生的《梅花时节》之后，我查了一下关于作者的资料，没想到他还是一位园艺师呢！

没错，周瘦鹃先生写了很多关于种植植物的文章。这些文章里有很多新奇的写作方法，今天，我们再学习他的另一篇文章《装点严冬一品红》。

这篇文章写的是关于一品红这种植物的知识，作者分别从名字和产地、一品红的外形以及如何插扦种植三个角度来介绍的，是一篇说明文。

呀，最近学习了好多说明文呀！

因为描写植物的方法并不多，我们一口气学了这么多文章，在方法上会有重复的。不过只要转变思考角度，哪怕同一篇文章，也会找出不同的写作方法。我们来找找，作者是如何介绍一品红的？

文章第一自然段介绍了一品红的相关知识，比如名字："它有一个别名，叫作猩猩木，属大戟科。"不仅介绍了名字，而且还有生物学分类。然后运用了作诠释的方法，对一品红是木本还是草本作进一步解释："是多年生的草本，茎梢是草质，不过近根的部分是木质化的。"最后告诉读者一品红的产地在墨西哥。

第二自然段主要介绍了一品红叶片的形态特征。"绿得像翡翠一样""模样儿好像梭子，又像箭镞"是打比方，形象生动地描述了叶片的颜色和形状，"叶面上有很细的茸毛，又络着红丝"属于摹状貌。"初冬，顶叶就从翠绿色转变为黄，也有变作浅红或深红的。"这句交代了一品红叶片的颜色随季节变化的特点。

接下来，我来说第三个部分，也就是最后一自然段，介绍了一品红的扦插方法。作者是按照时间顺序写的，主要涉及六个时间，分别是"清明节后""过了一个多月""夏季大伏天""农历九月中""一个月后""入冬以后"。

"清明节后"开始扦插，作者介绍了如何剪枝、如何准备容器、如何浇水，可以说非常细致。

"过了一个多月"生出根须，就准备分盆，一株一个盆，悉心照料。

"夏季大伏天"把生出的枝条剪短，剪下来的新枝再行扦插，同时还要注意经常灌溉。

"农历九月中"开始施肥，施肥有讲究，不能太多。

"一个月后"开始施浓肥，也就是多施肥。同时还要注意保温，把盆挪到温室里去培养。

"入冬以后"最重要的就是保暖，运用列数字的方法，点明温度必须在"华氏五六十度①"。接着，作者运用举例子的方法，列举了自己因为给一品红保暖不当导致死亡的案例，借此说明一品红保暖的重要性。

哇，作者写得太详细啦，感觉这不是一篇文章，而是一篇种植试验记录呀！

也可以这么认为。大家从我刚才的分析中，得到了什么启发呢？

老师，我想到了之前学习的汪曾祺先生的《葡萄月令》，也是按时间顺序进行说明的。我记得按照时间顺序写植物，必须写出植物的变化。

没错。别看这篇文章没有多么惊艳的技巧，但通过作者以时间为序的详细介绍，我们可以非常清楚地看到植物在每一个生长阶段的特点与变化。这种写法是非常重要的，有助于我们以后描写植物时写出植物形态的变化。最后我们总结一下本文的思路吧！

① 此处说法依照作者原文，现行规范说法为"五六十华氏度"。

装点严冬 一品红

名字和产地
- 一品红别名猩猩木，属大戟科
- 产地是北美的墨西哥
- 多年生的草本，茎梢是草质，不过近根的部分是木质化的

叶片
- 绿得像翡翠一样
- 模样儿好像梭子，又像箭镞
- 叶面上有很细的茸毛，又络着红丝
- 初冬，顶叶从翠绿色转变为黄，也有变作浅红或深红的
- 浅红色的、白色的

繁殖方法
- 清明节后扦插
- 一个多月后生根，分株翻盆
- 夏季大伏天里每株剪短，再扦插
- 九月中开始施肥，不能太多
- 一个月后施浓肥，移到温室里去培养
- 入冬以后切忌受寒，保持华氏五六十度[①]的温度

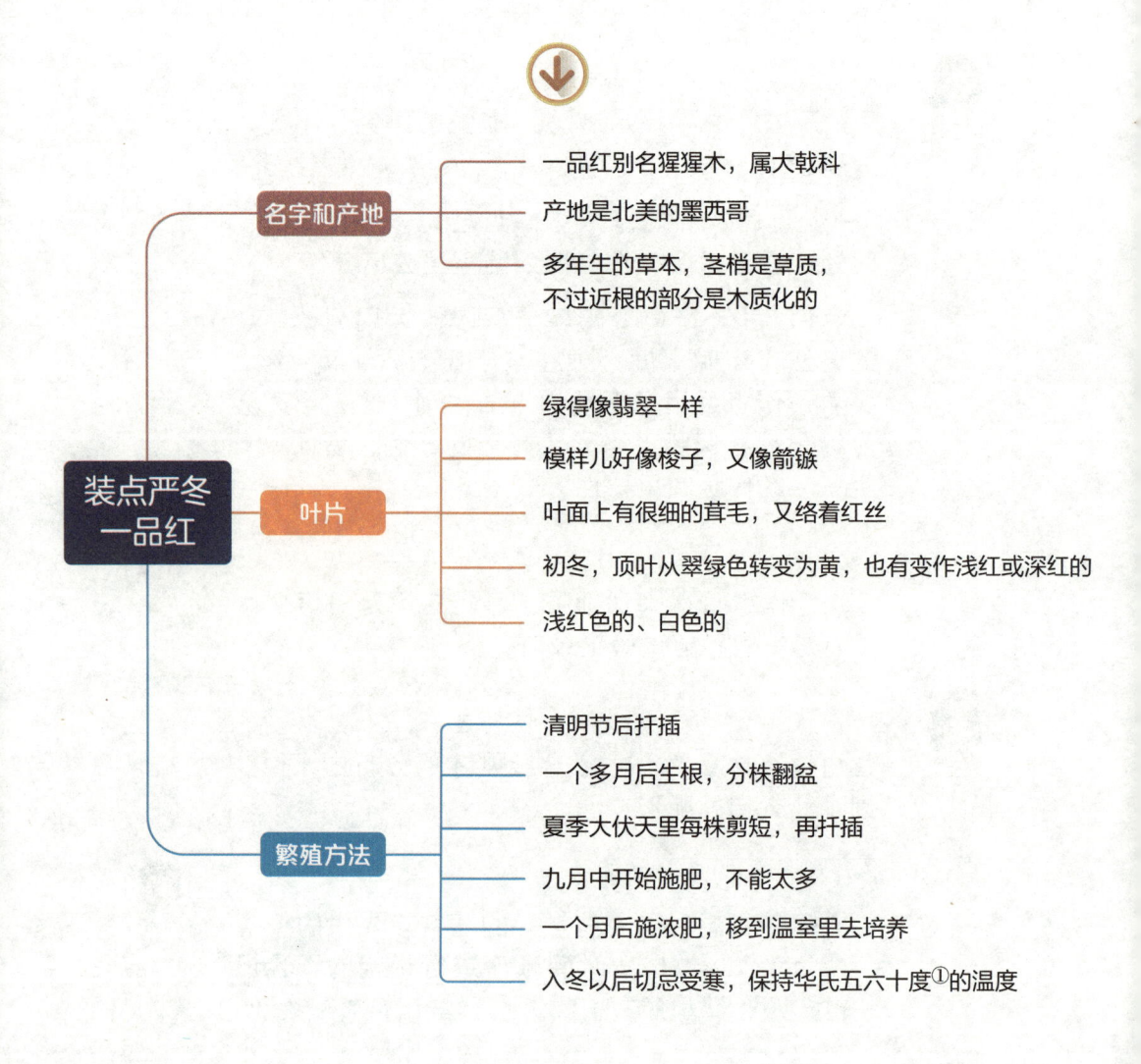

[①] 此处说法依照作者原文，现行规范说法为"五六十华氏度"。

一、思路点拨

神秘老师

按照时间顺序描写植物的时候，很多同学都会犯一种错误：文章描写的植物从头到尾都没有任何变化，一个月是什么样，两个月还是什么样。这显然是不符合客观规律的。

奇奇

老师，我记得您以前教给我们一种拍照法，用来观察植物随着时间推移的变化。我试了一下，感觉有点难度！有没有更简单的方法呀？

神秘老师

当然有啦，通过今天对《装点严冬一品红》的学习，我教给大家一种栽培试验法。

妙妙

栽培试验法？是不是像周瘦鹃先生这样种植一种植物，然后观察它的变化呢？

神秘老师

没错，栽培试验法不仅能让我们直观地观察到植物的生长变化，还能培养我们运用所学的方法来写作的能力，比如运用五感观察法、对比观察法、多角度观察法来写植物的能力。

奇奇

哇,感觉这种方法既能动手,还能动脑!那么这个方法要怎么运用呢?

神秘老师

我们用栽培试验记录表的方式,记录栽培的历程。

日期	根	茎	叶片	花朵	浇水	施肥	光照
第一天	记录长度	记录高度和直径	数量、颜色、形状	从花苞到花的变化过程	浇水量	施肥量和种类	光照时间和强度
第二天							
第三天							
……							

妙妙

这个和观察日记很相似,目的是记录每一天植物发生的变化,比如哪天长了叶子,哪天长了花朵。不过区别在于,这种栽培试验更专业、更详细。

奇奇

如果按照栽培试验法去写植物,我都要成为植物学家啦!

神秘老师

是这样的，栽培试验法就是从专业知识的角度培养同学们对植物的观察能力。只有全面了解植物的生长变化过程，才能从它们身上提取描写亮点和人生感悟。了解植物的生长变化过程对单纯地描写植物或是借物抒情等，都有很大的帮助。

二、技法指导

神秘老师

同学们，学会运用栽培试验法实际上并不是真正的目的，真正的目的是让大家形成一种"循序变化"的意识。以后无论是描写植物、动物还是其他事物，都要记住，任何事物都是随着时间的变化而变化的，哪怕是一块石头，也会随着岁月的流逝，从棱角分明变得圆润，最后风化成粉末。

妙妙

我明白了。其实不光是说明文以时间为序说明事物，哪怕是记叙文讲述故事、描写景物也要有变化，这样才会有层次感。

神秘老师

没错，我们可以把这种从变化的角度来描写事物的方法叫作循序变化法。

奇奇

循序变化法？

神秘老师

循序变化法可以用来观察事物，也可以用来描写事物。这种方法和时间顺序略有区别，但有两个不变的准则：

1. 前后对比要有明显的变化，可以往好的方向变，也可以往坏的方向变。
2. 变化的过程分步骤，不要一蹴而就。

比如课堂作文有描写家乡变化的题目，这种作文就很适合运用循序变化法来写。

先描写过去的家乡是什么样，然后描写现在的家乡是什么样。在描写的过程中，要写出具体事物变化的过程，比如过去家里住的是小平房，后来小平房变成了两层楼，再后来变成了高楼。这就是循序变化。

妙妙

这就像植物的生长一样，不是一下子就长得很高、开满了花的，而是一点点长高、花朵一点点盛开的。

神秘老师

说的对。循序变化的过程描写得越清楚，越能体现植物生长的动态，让静态的植物拥有动态的变化。这样写不仅丰富了文章内容，还增加了文章的趣味性。

写作练笔

同学们，通过对《装点严冬一品红》的学习，你们学会运用循序变化法描写植物了吗？快拿起笔亲自写一写吧！

1. 拿出家里的绿豆或者黄豆，泡在水里或者放在湿润的棉布上。
2. 按照时间顺序，仔细观察并记录种子发芽的过程。

老师/家长点评

名篇欣赏

茶花赋（节选）

▲杨 朔

久在异国他乡，有时难免要怀念祖国的。怀念极了，我也曾想：要能画一幅画儿，画出祖国的面貌特色，时刻挂在眼前，有多好。我把这心思去跟一位擅长丹青的同志商量，求她画。她说："这可是个难题，画什么呢？画点零山碎水，一人一物，都不行。再说，颜色也难调。你就是调尽五颜六色，又怎么画得出祖国的面貌？"我想了想，也是，就搁下这桩心思。

今年二月，我从海外回来，一脚踏进昆明，心都醉了。我是北方人，论季节，北方也许正是搅天风雪，水瘦山寒，云南的春天却脚步儿勤，来得快，到处早像催生婆似的正在催动花事。

花事最盛的去处数着西山华庭寺。不到寺门，远远就闻见一股细细的清香，直渗进人的心肺。这是梅花，有红梅、白梅、绿梅，还有朱砂梅，一树一树的，每一树梅花都是一树诗。白玉兰花略微有点儿残，娇黄的迎春却正当时，那一片春色啊，比起滇池的水来不知还要深多少倍。

究其实这还不是最深的春色。且请看那一树，齐着华庭寺的廊檐一般高，油光碧绿的树叶中间托出千百朵重瓣的大花，那样红艳，每朵花都像一团烧得正旺的火焰。这就是有名的茶花。不见茶花，你是不容易懂得"春深似海"这句诗的妙处的。

想看茶花，正是好时候。我游过华庭寺，又冒着星星点点细雨游了一次黑龙潭，这都是看茶花的名胜地方。原以为茶花一定很少见，不想在游历当中，时时望见竹篱茅屋旁边会闪出一枝猩红的花来。听朋友说："这不算稀奇。要是在大理，差不多家家户户都养茶花。花期一到，各样品种的花儿争奇斗艳，那才美呢。"

我不觉对着茶花沉吟起来。茶花是美啊。凡是生活中美的事物都是劳动创造的。是谁白天黑夜，积年累月，拿自己的汗水浇着花，像抚育自己儿女一样抚育着花秧，终于培养出这样绝色的好花？应该感谢那为我们美化生活的人。

普之仁就是这样一位能工巧匠，我在翠湖边上会到他。翠湖的茶花多，开得也好，红彤彤的一大片，简直就是那一段彩云落到湖岸上。普之仁领我穿着茶花走，指点着告诉我这叫大玛瑙，那叫雪狮子；这是蝶翅，那是大紫袍……名目花色多得很。后来他攀着一棵茶树的小干枝说："这叫童子面，花期迟，刚打骨朵，开起来颜色深红，倒是最好看的。"

正在这时，恰巧有一群小孩也来看茶花，一个个仰着鲜红的小脸，甜蜜蜜地笑着，叽叽喳喳叫个不休。

我说："童子面茶花开了。"

普之仁愣了愣，立时省悟过来，笑着说："真的呢，再没有比这种童子面更好看的茶花了。"

一个念头忽然跳进我的脑子，我得到一幅画的构思。如果用最浓最艳的朱红，画一大朵含露乍开的童子面茶花，岂不正可以象征着祖国的面貌？我把这个简单的构思记下来，寄给远在国外的那位丹青能手，也许她肯再斟酌一番，为我画一幅画儿吧。

> **名家 介绍**

杨朔（1913—1968），原名杨毓（yù）瑨（jǐn），中国作家。1937年参加革命，并开始文学创作。其散文创作具有强烈的时代色彩，富有诗意。著有散文集《海市》《东风第一枝》，长篇小说《三千里江山》及《洗兵马》的上卷《风雨》等。

名家写作课

神秘老师　妙妙　奇奇

老师，昨天我写了一篇关于梧桐树的作文，爸爸妈妈看了之后说我写得平淡，怎么才能把作文写得不平淡无味呢？

文章平淡无味有多个方面的原因，比如语言平淡无味、文章结构平淡无奇、没有运用修辞。

修辞我用得可多啦，自从学习了《荷塘月色》，我在写梧桐树的时候运用了比喻、拟人、排比等修辞手法。

既然这样，我猜可能是文章结构出了问题。今天我们就来学习杨朔先生的《茶花赋》，通过这篇文章来了解一种**让文章不平淡的结构——起承转合**。

起承转合是什么呀？我只听说过起因、经过和结果。

起因、经过和结果是事情的发展顺序。而起承转合是行文结构，类似我们之前说的并列结构和递进结构。它们都是谋篇布局的方法。

老师快给我们讲讲吧，我可不想被爸爸妈妈说文章平淡无味了。

起承转合，每个字代表文章的一个部分。

起，是文章的开头部分。

承，是承接上文的意思，是"起"的扩展。

转，是转折的意思，是"承"的反转。

合，是融合的意思，是前边三个部分的统一。

简单介绍完每个部分的意思，我们就按照这四个部分，来分析一下《茶花赋》吧！

这篇文章通过描写茶花、养花人和看花人，借助茶花充满生命力的形象，赞美祖国欣欣向荣的面貌。

没错，这是一篇典型的托物言志的文章。那么文章哪些段落是起、哪些段落是承、哪些段落是转、哪些段落是合呢？

我来说，起很简单，应该是第一自然段。因为从文章整体来看，作者之所以会关注茶花、描写茶花，是因为他准备画一张祖国的画。所以第一自然段是整个故事的起因。

那第二至五自然段就是"承"的部分了。描写的是作者到了云南昆明，被这里春天欣欣向荣、万物复苏的场面感染，进而注意到其中最显眼的茶花。主要分为两个部分，分别是云南的春色和最深的春色。

云南的春色包括："远远就闻见一股细细的清香"是梅花，"白玉兰花略微有点儿残"是玉兰，"娇黄的迎春却正当时"是迎春。随后作者用了一个夸张句"那一片春色啊，比起滇池的水来不知还要深多少倍"突出了云南百花争艳盛况的美丽。

随后作者写到了最显眼的茶花。分别从茶花艳和茶花多两个角度来写茶花。"每朵花都像一团烧得正旺的火焰"用比喻的修辞，形象生动地写出茶花颜色的浓艳。"时时望见竹篱茅屋旁边会闪出一枝猩红的花来"写的是种植场所多，"家家户户都养茶花"写的是种植人家多，"各样品种的花儿争奇斗艳"写的是品种多，从三个方面写出了茶花多。

老师，第六至十自然段是"转"吧？

没错，本来是描写茶花，忽然转到了茶花的培育者，由养花人的辛苦付出，想到了应该感谢为我们美化生活的人。通过转折，把文章的立意提升到了新的高度。最后一自然段，把前面的"起"中的原因，"承"中描写的画面，和"转"中提到的立意整合在一起，热烈赞美了祖国欣欣向荣的面貌。

作者通过运用起、承、转、合的结构，把文章写得波澜起伏，情感富有层次。最后让我们总结一下吧！

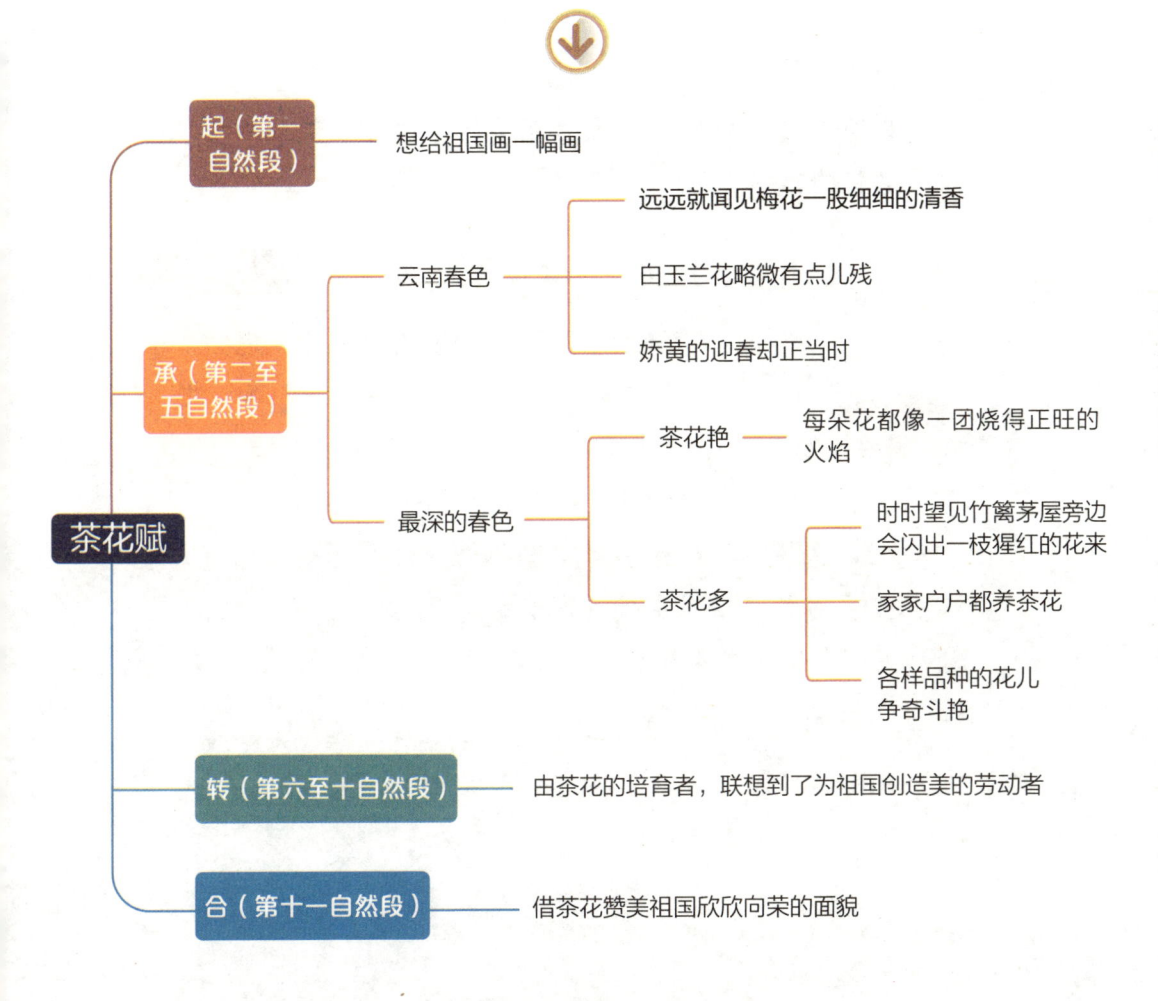

茶花赋
- 起（第一自然段）——想给祖国画一幅画
- 承（第二至五自然段）
  - 云南春色
    - 远远就闻见梅花一股细细的清香
    - 白玉兰花略微有点儿残
    - 娇黄的迎春却正当时
  - 最深的春色
    - 茶花艳——每朵花都像一团烧得正旺的火焰
    - 茶花多
      - 时时望见竹篱茅屋旁边会闪出一枝猩红的花来
      - 家家户户都养茶花
      - 各样品种的花儿争奇斗艳
- 转（第六至十自然段）——由茶花的培育者，联想到了为祖国创造美的劳动者
- 合（第十一自然段）——借茶花赞美祖国欣欣向荣的面貌

写作加油站

一、思路点拨

神秘老师

起承转合主要用在记叙文或者记叙性的散文中，这种结构有很多好处：

1. 让文章跌宕起伏，不会显得单调和平淡。
2. 让叙述内容有条理性，结构清晰。
3. 能激发读者兴趣。

之所以有这么多好处，是因为起承转合的每个部分都发挥了独特的作用。

妙妙

起承转合四个部分都有哪些作用呢？

神秘老师

先说"起"，它是文章的开头，是读者第一眼看到的内容。"起"最主要的作用就是引起读者的好奇心，让读者能有兴趣读下去。另外，"起"交代了事情的起因，给出了中心句，让读者明白这篇文章到底要写什么。

"承"是承接、连接，是在"起"之后，对"起"的内容进行承接、延续或扩展，起到连接前后文的作用。

奇奇

"转"是转折,就是把"承"的内容反转,岔开话题。"转"最大的作用是让文章有了波澜,给人一种摇曳生姿之感,让文章不再平淡无味。

神秘老师

没错。最后是"合",是统一的意思,包括内容和思想的统一。"合"还有一个作用是和开头的"起"呼应,也就是我们常说的首尾要呼应。

所以,用起承转合的结构写文章,既能保证结构的完整,还可以让文章有条理。

二、技法指导

奇奇

那么,运用起承转合,有哪些方法呢?

神秘老师

根据每个部分的作用不同,它们的运用方法也是不同的。

"起"的方法也就是文章开头的方法,有以下几种:

1. 开门见山式:直接亮出中心句、观点或者故事。
2. 背景介绍式:通过介绍事情的背景设置悬念。

3. 提问式：提出一个大家感兴趣但又不知道答案的问题，引发读者的好奇心。
4. 倒叙式：先介绍事情的结果，或把某个最重要、最突出的片段放在开头，吸引读者继续读下去。
5. 排比式：用排比句开头，制造气势，烘托气氛。
6. 联想类比式：借助联想和类比的手法营造幻想和象征的意境。

妙妙

哇，没想到光文章开头就有这么多方法呀！

神秘老师

接下来"承"的部分方法有很多，其实前面我们已经学过了。

1. 行文结构：并列式、递进式。
2. 描写顺序：时间顺序、空间顺序和逻辑顺序。
3. 艺术手法：多角度描写法、五感法、点面结合、侧面烘托、反衬、以小见大等。
4. 抒情方式：直接抒情、间接抒情。

奇奇

原来前面学的内容都是为了今天作铺垫呀！

神秘老师

那当然啦，如果前面不学这些，今天讲起承转合大家就看不懂了。

接下来是"转"的部分了，老师分享两种方法：

1. 对立面法。对立面意思是描写事物的反面，以此制造出乎意料的效果。
2. 以物引情法。其实就是我们已经学过的借物抒情、托物言志等，通过描写事物引发情感，随后把对事物的描写转移到抒情上。今天我们学习的《茶花赋》就是这类。

妙妙

最后"合"的方法有哪些呢？

神秘老师

"合"是结尾的部分，为了让文章所有的内容总结统一起来，主要有五种方法：

1. 首尾呼应式：开头写了什么，结尾的时候也要写什么，以此形成闭环呼应。
2. 巧妙发问式：结尾时，通过扩展思考的方式，提出疑问，留给读者思考。
3. 总结式：用精练的语言将整篇文章的中心和情感总结一下。

4. **开放式**：在记叙文中常用，通常不交代事情的结果，让读者去想象。

5. **深远思考式**：总结全文的立意，提炼出哲理和道理。

起承转合这种谋篇布局的方法到这里就介绍完了，希望大家以后作文时经常运用，让文章不再单调乏味。

写作练笔

同学们,通过今天的学习,你们掌握起承转合的方法了吗?快拿起笔,写一写吧!

1. 回忆生活中和某种植物相关的一件事,比如参观植物园、去公园赏花等。
2. 试着用起承转合的方法把整件事写下来,注意重点是对植物的描写。

老师/家长点评

名篇欣赏

两株树（节选）

▲周作人

第二种树乃是乌桕（jiù），这正与白杨相反，似乎只生长于东南，北方很少见。陆龟蒙诗云"行歌每依鸦舅影"，陆游诗云"乌桕赤于枫，园林二月中"，又云"乌桕新添落叶红"，都是江浙乡村的景象。《齐民要术》卷十列"五谷果蓏（luǒ）菜茹非中国物产者"，下注云："聊以存其名目，记其怪异耳，爰及山泽草木任食非人力所种者，悉附于此。"其中有乌桕一项，引《玄中记》云："荆、扬有乌臼，其实如鸡头，迮（zé，压、榨）之如胡麻子，其汁味如猪脂。"《群芳谱》言："江浙之人，凡高山大道溪边宅畔无不种。"此外则江西安徽盖亦多有之。关于它的名字，李时珍说："乌喜食其子，因以名之……或曰，其木老则根下黑烂成臼，故得此名。"我想这或曰恐太迂曲，此树又名鸦臼，或者与乌不无关系，乡间冬天卖野味有柏子鹊（què）（读如呆鸟字），是道墟地方名物，此物殆是鸟类乎，但是其味颇佳，平常所谓鹊肉几乎便指此鸟也。

柏树的特色第一在叶，第二在实。放翁生长稽山镜水间，所以诗中常常说及柏叶，便是那唐朝的张继寒山寺诗所云江枫渔火对愁眠，也是在说这种红叶。王端履著《重论文斋笔录》卷九论及此诗，注云："江南临水多植乌柏，秋叶饱霜，鲜红可爱，诗人类指为枫，不知枫生山中，性最恶湿，不能种之江畔也。此诗江枫二字亦未免误认耳。"范寅在《越谚》卷中柏树项下说："十月叶丹，即枫，其子可榨油，农皆植田边。"就把两者误合为一。罗逸长《青山记》云："山之麓朱村，盖考亭之祖居也，自此倚石啸歌，松风上下，遥望木叶著霜如渥丹，始见怪以为红花，久之知为乌柏树也。"《蓬窗续录》云："陆子渊《豫章录》言，饶信间柏树冬初叶落，结子放蜡，每颗作十字裂，一丛有数颗，望之若梅花初绽，枝柯诘曲，多在野水乱石间，远近成林，真可作画。此与柿树俱称美荫，园圃植之最宜。"这两节很能写出柏树之美，它的特色仿佛可以说是中国画的，不过此种景色自从我离了水乡的故国已经有三十年不曾看见了。

柏树子有极大的用处，可以榨油制烛。《越谚》卷中蜡烛条下注曰："卷芯草干，熬柏油拖蘸成烛，加蜡为皮，盖紫草汁则红。"汪曰桢著《湖雅》卷八中说得更是详细：

"中置烛心，外裹乌柏子油，又以紫草染蜡盖之，曰柏油烛。用棉花子油者曰青油烛，用牛羊油者曰荤油烛。湖俗祀神祭先必燃两炬，皆用红柏烛。婚嫁用之曰喜烛，缀蜡花者曰花烛，祝寿所用曰寿烛，丧家则用绿烛或白烛，亦柏烛也。"

名家介绍

周作人（1885—1967），原名櫆寿，晚年改名遐寿。中国作家、翻译家。著有《自己的园地》《雨天的书》《谈龙集》《谈虎集》《瓜豆集》《中国新文学的源流》《鲁迅的故家》《鲁迅小说里的人物》《知堂回想录》等。译有《日本狂言选》《伊索寓言》《路吉阿诺斯对话集》等。

名家写作课

神秘老师　妙妙　奇奇

同学们，一般描写植物的时候，我们大多会描绘植物的形态、叶子、果实、花朵等，这属于描写的方法。除了描写，我们还可以用科普说明的方式介绍植物。

我们看的科普书用的就是科普说明的方法吗？

没错。

哇，那学会了科普说明的方法，我岂不是变成科普作家了？

是呀！不过先别得意，我们还是看一看周作人先生写的《两株树》是如何科普的吧。

这篇文章引用了好多古文呀！

《两株树》原文写到了杨树和乌桕树，由于篇幅原因，我节选了写乌桕树的段落。这部分内容从乌桕树的产地、名字、叶子和果实四个方面展示了乌桕树的特点。我们先来看第一自然段的前三句话。

这篇文章对我来说好难呀！

别怕，我们一点点来分析。第一句"只生长于东南，北方很少见"点明了乌桕树的产地。作者在陆龟蒙和陆游的诗中见到了描写乌桕树的句子，这些都是"江浙乡村的景象"，这些诗句印证了乌桕树"生长于东南"。紧接着，作者又引用《齐民要术》《玄中记》《群芳谱》三本书的内容，进一步证明乌桕树"生长于东南"。通过引资料的方法，证明了乌桕树产于南方。

第一自然段后边讲的内容是关于乌桕树名字的来历的，作者引用了李时珍的话来说明乌桕树名字的来历，同样也是引资料的方法。

读了好几遍，终于把第二自然段读明白了。第二自然段主要写的是乌桕树的叶子。先引用了《重论文斋笔录》中的资料，说明乌桕树的叶子和枫树叶到了秋天都会变红，古代很多诗人都把他们弄混了。为此还引用《越谚》中的资料进一步说明。随后作者又引用《青山记》《蓬窗续录》中的资料介绍乌桕树叶子和果实的美丽，"遥望木叶着霜如渥丹，始见怪以为红花"运用了比喻修辞，把叶子比喻成渥丹，可见乌桕叶多么红艳。而"望之若梅花初绽……真可作画"则把乌桕树的果实比喻成梅花，还说像画，可见乌桕树有多么美。

奇奇分析得很不错嘛！作者通过引用不同的资料写出了乌桕树叶子的美，就像中国的山水画一样。**最后，作者介绍了乌桕树的种子的用途：主要用来榨油和制作蜡烛。**分别引用《越谚》《湖雅》中的资料，详细说明了制作乌桕蜡烛的步骤。可见作者考据得多么仔细。

还真是！作者引用了这么多资料介绍乌桕树，读起来像一篇科普文章。

是的。这么写的好处是让自己的介绍有依据，保证了文章内容的准确性，这就是科普说明文的魅力所在。最后我们总结一下作者的思路吧！

两株树

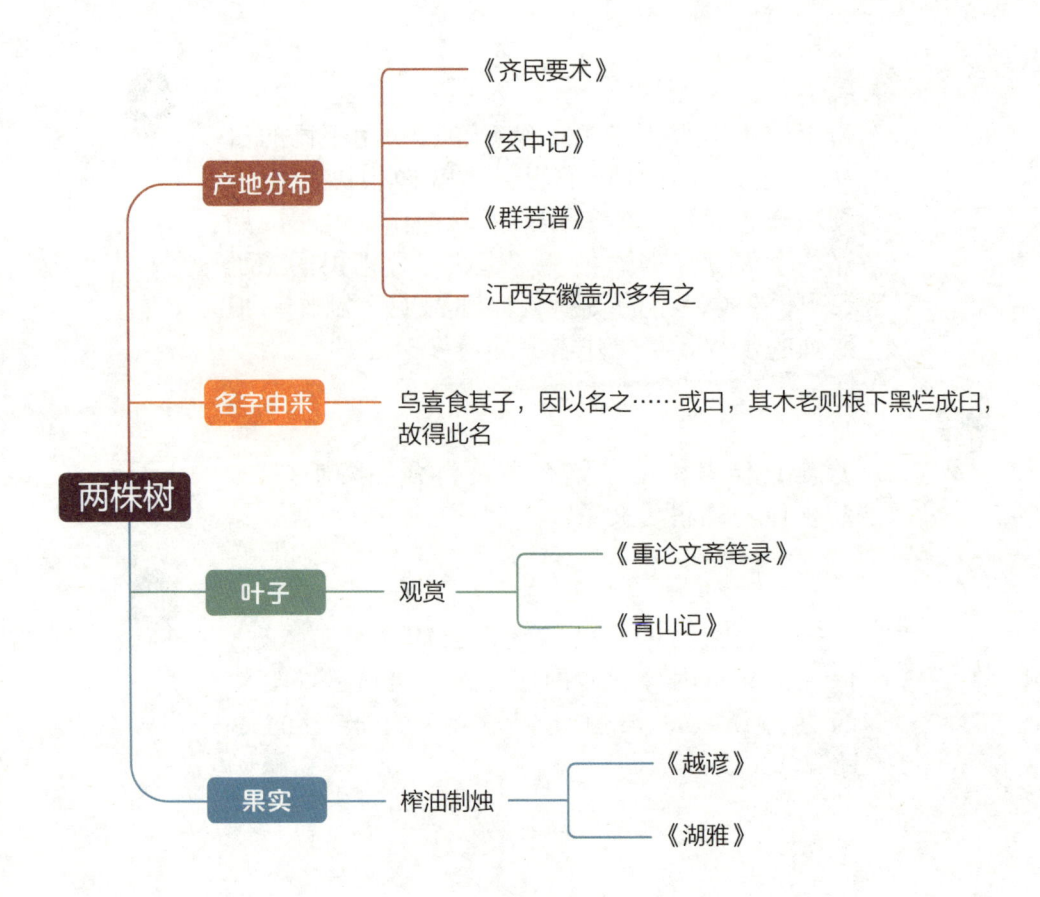

- **产地分布**
  - 《齐民要术》
  - 《玄中记》
  - 《群芳谱》
  - 江西安徽盖亦多有之

- **名字由来**：乌喜食其子，因以名之……或曰，其木老则根下黑烂成臼，故得此名

- **叶子** — 观赏
  - 《重论文斋笔录》
  - 《青山记》

- **果实** — 榨油制烛
  - 《越谚》
  - 《湖雅》

一、思路点拨

神秘老师

科普说明文是说明文的一种，通过常用的说明方法，介绍世界前沿的自然科学知识和技术，以及动植物的生理、习性、栖息地和保护等知识。

奇奇

老师，学习科普说明文有什么用呀，学会记叙文和散文不就够了吗？

神秘老师

当然不是啦。记叙文用来讲故事，散文用来表达情感。此外，我们还得学习议论文和说明文呀。议论文用来提出主张和观点，而说明文用来介绍说明事物。如果简洁而准确地把一个东西介绍给别人，就很考验你的语言表达能力。而科普说明文是这里面最难的，不仅要具有良好的语言表达能力，还要具有理解能力和信息处理能力。

妙妙

这么听起来，学好科普说明文还挺重要的。那么写科普说明文都有哪些需要注意的呢？

神秘老师

从《两株树》这篇文章可以看出，科普说明文主要有三点需要注意：

第一，说明对象要明确，特点要清晰。
第二，介绍数据要准确，引用资料要正确。
第三，说明顺序要有条理性。

奇奇

我知道。"说明对象要明确，特点要清晰"指的是文章开篇就要交代清楚你想要介绍的是什么东西。动笔介绍之前，对这个东西的特点要了然于胸，这样写的时候才能写得清楚，不会遗漏。

神秘老师

没错。我来举个例子，你们就明白第二点了。比如介绍杉树的高度、直径需要列数字，这些数字除了准确之外，还要标明引自哪本书或者哪篇论文，标记清楚，确保这些数字的正确性。这就需要大家具有文献检索能力和信息处理能力了。

此外，引用资料的时候不要只检索一种资料，至少检索三种资料，几种资料相互验证，确保正确之后，再引用其中的一种即可。

妙妙

第三条很简单，"说明顺序要有条理性"是写说明文的时候要注意说明顺序，常用的说明顺序有三种：时间顺序、空间顺序和逻辑顺序。

二、技法指导

奇奇

老师，写科普说明文查找资料的时候，如何判断资料是否正确呢？感觉这才是最难的！

神秘老师

举例来说，考古学家和史学家在研究古代文献资料的时候，也经常遇到这类问题。这时怎么办呢？他们发明了考据法，考据法是一种研究历史、语言等的方法，主要通过考核事实和归纳倒证，提供可信材料，从而作出结论。

妙妙

考据法也能用在科普说明文上吗？

神秘老师

当然可以。在写科普议论文的时候，如果遇到资料中的数据和信息前后矛盾这种情况，可以对有限的资料进行对比和筛选，筛选出与主题相关、具有代表性和说服力的资料，并标明出处。

运用考据法的时候，主要分成两种情况：

1. 增加验证资料数量和种类，遵从绝大多数资料的看法。
2. 深入研究手头有限资料，筛选出有代表性和说服力的资料。

奇奇

感觉第一种简单，只要多找点资料就够了。

神秘老师

有的时候某方面的资料比较少，就需要用到第二种方法了。不过对于我们日常作文来说，第一种方法就足够用了。

不过有一点需要注意：要去专业网站或者专业书籍上搜集资料。

写作练笔

同学们，通过《两株树》的学习，你们掌握考据法了吗？快拿起笔写一写吧！

1. 选取一种熟悉的水果作为描写对象，比如荔枝、橘子等。
2. 通过查阅资料，确定它的产地、名字由来等。
3. 试着运用考据法写一篇关于它的科普说明文。

老师/家长点评

名篇欣赏

爱 竹

▲周作人

我对于植物的竹有一种偏爱，因此对于竹器有特别的爱好。首先是竹榻，夏天凉飕飕的顶好睡，尤其赤着膊，唯一的缺点是竹条的细缝会挟住了背上的"寒毛"，比蚊子咬还要痛。有一种竹汗衫，说起来有点相像，用长短粗细一定的竹枝，穿成短衫，衬在衣服内，有隔汗的功用，也是很好的，也就是有夹肉的毛病。此外竹子的用处，如笔、手杖、筷子、晾竿，种种编成的筐子、盒子、簟（diàn）席（竹席）、凳椅，说不尽的各式器具。竹子的服装比较的少，除汗衫外，只有竹笠。我又从竹工专家的章福庆（"闰土"的父亲）那里看见过"竹履"，这是他个人的发明，用半截毛竹钉在鞋底上，在下雨天穿了，同钉鞋一样走路。不见有第二个人穿过，但他的崭新的创意，这里总值得加以记录的。

这时首先令人记忆起的，是宋人的一篇《黄冈竹楼记》。这是专讲用竹子构造的房子，我因小时候的影响，所以很感得一种向往，不敢想得到这么一所房子来住，对于多竹的地方总是觉得很可爱好的。用竹来建筑，竹劈开一半，用作"水溜"，大概是顶好的，此外多少有些缺点，这便是竹的特点，它爱裂开，有很好的竹子本可做柱，因此就有了问题了。细的竹竿晒晾衣服，又总有裂缝，除非是长久泡在水里的"水竹管"，这才不会开裂。假如有了一间好好的竹房，却到处都是裂缝，也是十分扫兴的事，因此推想起来，这在事实上大抵是不可能的了。

不得已而思其次，是在有竹的背景里，找这么一个住房，便永远与竹为邻。竹的好处我曾经说过，因为它好看，而且有用。树木好看的，特别是我主观的选定的也并不少，有如杨柳、梧桐、棕桐[1]等皆是，只是用处较差，柳与桐等木材与棕皮都是有用的东西，

---

[1] 此处说法依照作者原文，现行规范说法为"棕榈"。

可是比起竹来，还相形见绌，它们不能吃，就是没有竹笋。爱竹的缘故说了一大篇，似乎是很"雅"，结果终于露出了马脚，归根结底是很俗的，为的爱吃笋。说起竹谁都喜爱，似乎这代表"南方"，黄河以南的人提到竹，差不多都感到一种"乡愁"，但这严格的说来，也是很俗的乡愁罢了。将来即使不能到处种竹，竹器和竹笋能利用交通工具，迅速运到，那么这种乡愁已就不难消灭了。

名家写作课

神秘老师　　妙妙　　奇奇

同学们，我们知道在叙事文中经常运用顺叙，也就是按顺序叙述事情的经过。还记得吗，之前我们提到了插叙和倒叙？今天我们就通过《爱竹》这篇文章，学习一下插叙。

老师，读完了《爱竹》这篇文章，我发现作者运用了并列结构，你们看开篇这句"我对于植物的竹有一种偏爱，因此对于竹器有特别的爱好"属于中心句，紧接着，作者分别从住、衣、食、用、行几个方面写了爱竹子的原因。

很好，那么接下来我们就来找一找，这几个方面都各有哪些内容吧。

我来说住，在"住"的方面，作者提到了很多东西，比如"竹榻""簟席""凳椅""竹房"，这些都和居住有关系。在谈到竹榻的时候，作者还详细介绍了竹榻的优点和缺点，优点是"凉飕飕的顶好睡"，缺点是"夹肉"。

在"衣"的方面提到了"竹汗衫"和"竹笠"，像竹榻一样，作者也介绍了竹汗衫的优点和缺点，优点是隔汗，缺点也是夹肉。

说到这里，大家发现了吗，虽然这是一篇小品文，但作者也运用了并列结构。这说明，无论什么类型的文章，文章结构在一定程度上都是通用的。

接下来，我来说"食"的方面，作者提到了"筷子""盒子"和"竹笋"，作者对"竹笋"作了详细介绍，竹笋是作者喜欢竹子的主要原因，因为竹笋不仅能吃，而且能寄托乡愁。

除此之外，作者在"用"和"行"这两个方面介绍不多。"用"有笔、手杖和晾竿。"行"有"竹履"。这里提到了闰土的父亲，闰土不是鲁迅先生文章里的人物吗？

既然奇奇问到了，那我就再介绍一下作者与鲁迅先生的关系。鲁迅先生原名周树人，和周作人是亲兄弟。闰土是他们小时候家里的长工的儿子。所以周作人也是知道闰土的。

原来是这样。

文章结尾的时候，顺着"竹笋"这个话题引到了乡愁上，表达了作者对南方故乡的思念之情。分析到这里，文章的思路就说完了。我们回过头来看一下第二自然段的第一句，"这时首先令人记忆起的，是宋人的一篇《黄冈竹楼记》"。在讲述竹子用途的过程中，作者插进了一段回忆，在回忆之后，紧接着讲到了关于竹房的内容。

184

这就是插叙吧！在叙述的过程中，暂时中断叙述的线索，而插入一段与主要情节相关的回忆就叫插叙。

没错。第二自然段前两句的内容就是插叙，主要是为了补充说明作者是如何想到竹楼这种特殊建筑的，由此自然而然地过渡到下边关于竹楼的内容。这部分插叙不仅起到了补充说明的作用，还为下文内容作了铺垫。

这么看来插叙不是随便插入什么内容都可以，插入的内容要满足展开情节或刻画人物的需要。

没错，是这样的。这篇文章比较简单，让我们最后总结一下。

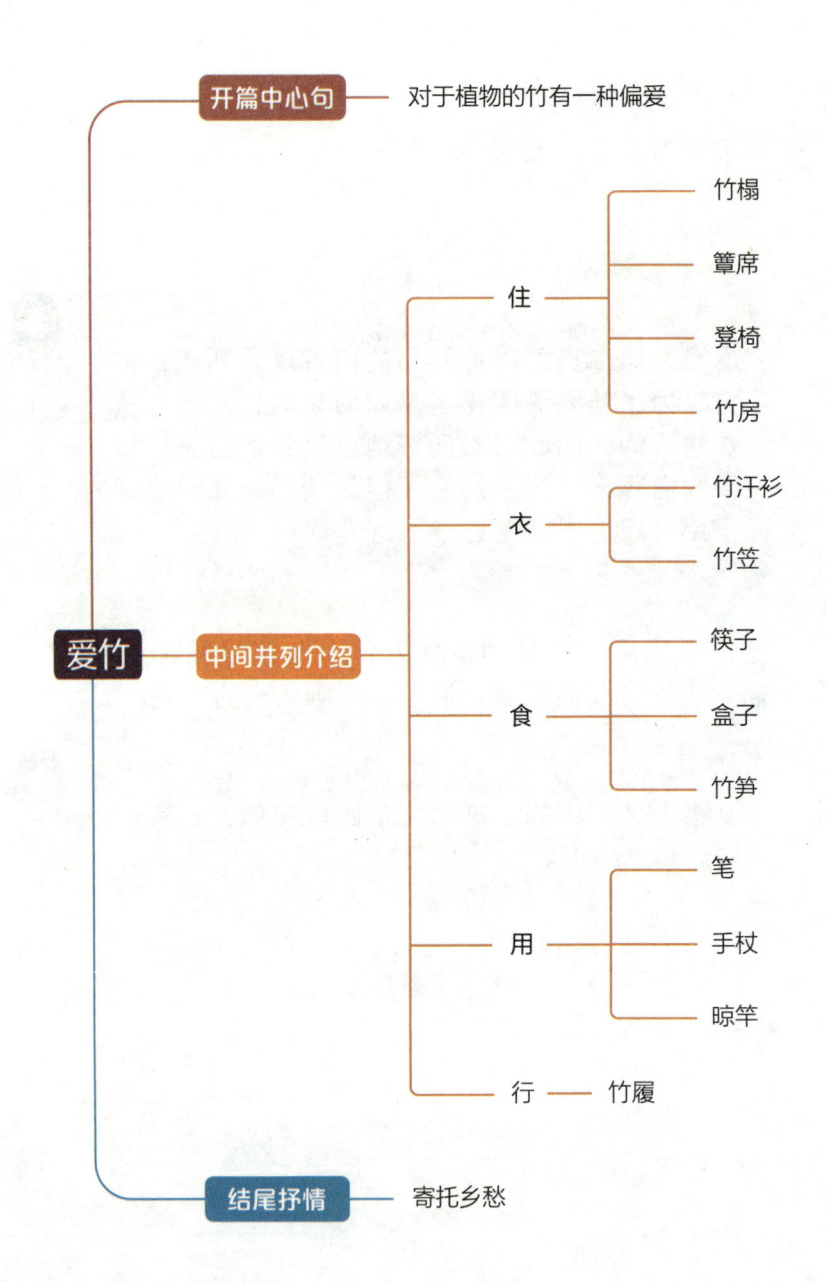

```
                           开篇中心句 ── 对于植物的竹有一种偏爱

                                              ┌── 竹榻
                                              ├── 簟席
                                        住 ───┤
                                              ├── 凳椅
                                              └── 竹房

                                              ┌── 竹汗衫
                                        衣 ───┤
                                              └── 竹笠

                                              ┌── 筷子
         爱竹 ── 中间并列介绍 ───────────食 ───┤── 盒子
                                              └── 竹笋

                                              ┌── 笔
                                        用 ───┤── 手杖
                                              └── 晾竿

                                        行 ── 竹履


                           结尾抒情 ── 寄托乡愁
```

写作加油站

一、思路点拨

妙妙

老师，除了刚才说的，插叙还有其他作用吗？

神秘老师

插叙是一种十分有用的叙述方式，在不同的文章中有不同的作用。

1. 对主要情节起补充衬托作用。
2. 对文中内容起到解释说明作用。
3. 推动情节发展。
4. 为下文作铺垫。
5. 让文章情节有波澜，结构富有变化，避免平铺直叙。
6. 突出人物的性格特点。
7. 突出中心，深化主题。

奇奇

今天学的这篇《爱竹》里的插叙的作用应该就是第二条和第四条吧！

妙妙

我认可奇奇说的。

神秘老师

你们说对啦。在小品文里，插叙的内容一般是举例子、作诠释。它们都是起到补充说明前文内容的作用。

另外，由于本文中插叙的内容在段落开头，并且后边紧跟着讲到了关于竹房的内容，所以又起到了铺垫和过渡的作用。

妙妙

对情节和人物的作用，是不是在叙事文里才有呀？

神秘老师

没错，叙事文中涉及人物、环境和故事情节。这个时候，插叙的作用就是推动情节发展或者刻画人物了。

比如很多同学会写和爷爷奶奶在乡下过暑假的故事，在介绍与爷爷一起去田里挖花生的时候，就可以插入一段爷爷小时候的故事，这样既能丰富情节，还能刻画爷爷的形象。这就是插叙在叙事文里的作用啦！

二、技法指导

奇奇

没想到这么一个简单的技巧，竟然有这么多作用呀，看来以后我得好好运用插叙了。老师，运用插叙的时候有什么具体的方法吗？

神秘老师

当然有啦！先说说明文里的插叙。在说明文里，插叙一般是直述式的插叙。

直述式指的是不借助文章里的任何人物，而是作者直接在文中插叙一件事。直述式一般会用"原来""过去""想起""记得"这些和时间相关的词来引入插叙。

妙妙

果然是这样，比如在今天学习的文章里，作者就说"令人记忆起的"，就是用和时间相关的词语引入插叙的。

奇奇

那么，在叙事文中插叙是怎么用的？

神秘老师

在叙事类或者散文中，插叙一般有两种方式，分别是联想式和转述式。

联想式，意思是通过文章里人物的联想引起插叙部分，或者作者直接联想。其中联想的方式有以下两种：

1. 回忆。通过回想过去的亲身经历插叙。
2. 心理活动。受到某件事的"刺激"，在内心与自己对话。

妙妙

关于回忆经历，我想起一篇文章，林海音的《爸爸的花儿落了》。在回忆探病的过程中，作者想起了六年前因为赖床受到惩罚的很多事情，就是通过回忆过去的经历进行插叙的。

神秘老师

这个例子举得很恰当。接下来说第二种，转述式。转述式是指借助作品中的人物叙说进行插叙。

奇奇

这种我知道，比如"据说""传说中""有人说""某某名人说"都是转述式的插叙吧！

神秘老师

说的对。看来大家在以前的文章里都见到过插叙，所以才能一点就通。平时我们一定要多看书，多积累。

写作练笔

同学们,《爱竹》这篇文章教给我们插叙的方法,你们掌握了吗?快拿起笔试一试吧!

1. 描写一种你熟悉的植物。
2. 描写的时候,试着用直述式的插叙方法,对植物的特点进行解释说明。

老师/家长点评

名篇欣赏

园里的植物

▲周作人

园里的植物，据《朝花夕拾》上所说，是皂荚树，桑椹，菜花，何首乌和木莲藤，覆盆子。皂荚树上文已说及，桑椹本是很普通的东西，但百草园里却是没有，这出于大园之北小园之东的鬼园里，那里种的全是桑树，枝叶都露出在泥墙上面。传说在那地方埋葬着好些死于太平军的尸首，所以称为鬼园，大家都觉得有点害怕。木莲藤缠绕上树，长得很高，结的莲房似的果实，可以用井水揉搓，做成凉粉一类的东西，叫作木莲豆腐，不过容易坏肚，所以不大有人敢吃。何首乌和覆盆子都生在"泥墙根"，特别是大小园交界这一带，这里的泥墙本来是可有可无的，弄坏了也没有什么关系。据医书上说,有一个姓何的老人,因为常吃这一种块根,头发不白而黑,因此就称为何首乌,当初不一定要像人形的,《野菜博录》中说它可以救荒,以竹刀切作片,米泔浸经宿,换水煮去苦味,大抵也只当土豆吃罢了。覆盆子的形状,像小珊瑚珠攒成的小球,这句话形容得真像,它同洋莓那么整块的不同,长在绿叶白花中间,的确是又中吃又中看,俗名"各公各婆",不晓得什么意思,字应当怎么写的。儿歌里有一首,头一句是"节节梅官柘",这也是两种野果,只仿佛记得官柘像是枣子的小颗,节节梅是不是覆盆子呢,因为各公各婆亦名各各梅,可能就是同一样东西吧。

在野草中间去寻好吃的东西,还有一种野苎麻可以举出来,它虽是麻类而纤维柔脆,所以没有用处,但开着白花,里面有一点蜜水,小孩们常去和黄蜂抢了吃。它的繁殖力很强,客室小园关闭几时,便茂生满院,但在北方却未曾看见。小孩所喜欢的野草,此外还有蛐蛐草,在斗蟋蟀时有用,黄狗尾巴是象形的,芣苢见于国风,医书上叫作车前,但儿童另有自己的名字,叫它作官司草,拿它的茎对折互拉,比赛输赢,有如打官司云。蒲公英很常见,那氢气球似的白花很引人注目,却终于不知道它的俗名,蒲公英与白鼓钉等似乎都只是音译,要附会地说,白鼓钉比蒲公英还可以说是有点意义吧。

名家写作课

神秘老师　妙妙　奇奇

同学们，还记得我们前边学习点面结合写法的时候，提到过的一种描写景物的方法叫作分门别类法吗？

这个我记得，分门别类法就是按照景物的种类，一类一类地描写。

奇奇说的很对。接下来我们通过周作人先生的《园里的植物》来学习一下分门别类法吧！首先，大家来找一找作者都描写了哪些植物。

作者一共描写了桑椹、木莲藤、何首乌、覆盆子、野苎麻、蛐蛐草、蒲公英七种植物。

很好。作者提到的园子其实就是鲁迅先生的名篇《从百草园到三味书屋》中的百草园，这篇文章我们之前学过。百草园里的植物有很多，周作人先生写这些植物的时候并没有混着写，而是分门别类，先写完一种再写另一种，这就是分门别类法。

接下来我们来一一分析，作者是分别从哪些方面来介绍这些植物的。

第一种植物是桑椹，"枝叶都露出在泥墙上面"写出了桑椹的繁茂。第二种植物是木莲藤，作者从形状、果实和功用三方面介绍。"缠绕上树，长得很高"写的是木莲藤的形状；"莲房似的"写的是果实；"做成凉粉一类的东西，叫作木莲豆腐"写的是木莲藤的功用。

第三种植物是何首乌，作者从位置、名字和功用三方面介绍。"生在'泥墙根'"写的是它的位置；"姓何的老人，因为常吃这一种块根，头发不白而黑，因此就称为何首乌"写的是何首乌名字的来历；"《野菜博录》中说它可以救荒"写的是何首乌的功用。

第四种植物是覆盆子，只介绍了形状"像小珊瑚珠攒成的小球"，不过后面作者又说"长在绿叶白花中间""又中吃又中看"，由此可见，覆盆子的果子是可以吃的。第五种植物是野苎麻，"开着白花，里面有一点蜜水"小孩们都喜欢吃，写的是它的功用；"繁殖力很强"写的是这种植物的习性。

我来说最后两个。第六种植物是蛐蛐草，作者从形状、名字以及游戏三方面介绍。"黄狗尾巴是象形的"说明这种草长得像狗尾巴；"医书上叫作车前"写的是它的名字；"拿它的茎对折互拉，比赛输赢"写的是小孩子们拿它做游戏的场景，充满童趣。第七种植物是蒲公英，描写了它的形态，"那氢气球似的白花很引人注目"。

到这里我们就全部分析完作者介绍的植物了。具体的描写方法我们前面详细介绍过，这里就不多说了，我们主要看一下分门别类法。

把园里的植物分类，然后一个种类一个种类地介绍，这样写的好处是能让文章结构清晰明了，富有条理性，有助于把每一种植物的特点都介绍明白。

而且我还发现周作人先生和鲁迅先生虽然写的都是百草园里的植物，但他们的风格迥然不同！

这是因为鲁迅先生是回忆幼时的经历，是以儿童的视角写的，所以充满了童趣。而周作人先生是从考证的角度写的，更侧重于科普。我们来总结一下文章脉络。

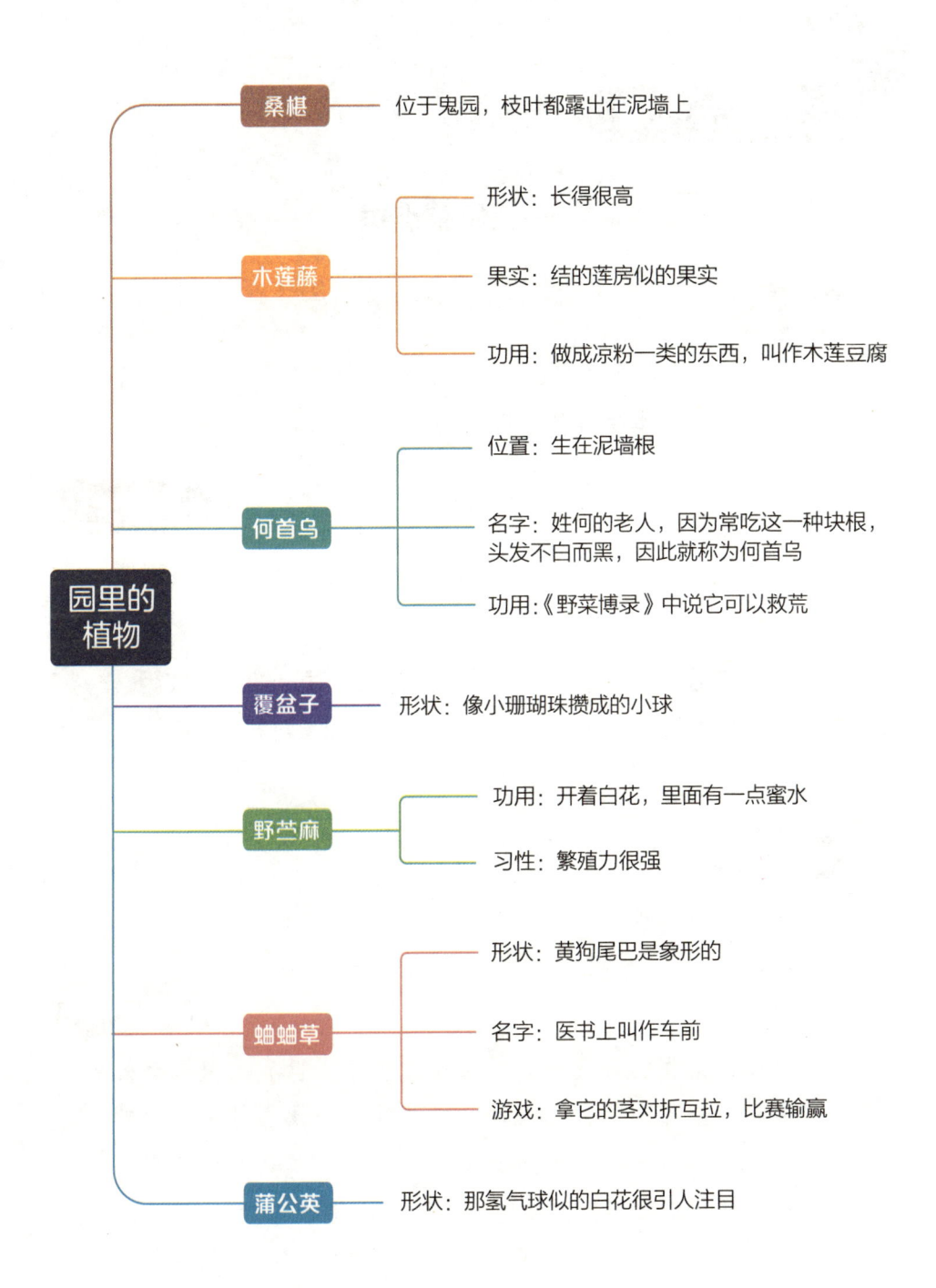

园里的植物

- **桑椹**：位于鬼园，枝叶都露出在泥墙上

- **木莲藤**
  - 形状：长得很高
  - 果实：结的莲房似的果实
  - 功用：做成凉粉一类的东西，叫作木莲豆腐

- **何首乌**
  - 位置：生在泥墙根
  - 名字：姓何的老人，因为常吃这一种块根，头发不白而黑，因此就称为何首乌
  - 功用：《野菜博录》中说它可以救荒

- **覆盆子**：形状：像小珊瑚珠攒成的小球

- **野苎麻**
  - 功用：开着白花，里面有一点蜜水
  - 习性：繁殖力很强

- **蟋蟀草**
  - 形状：黄狗尾巴是象形的
  - 名字：医书上叫作车前
  - 游戏：拿它的茎对折互拉，比赛输赢

- **蒲公英**：形状：那氢气球似的白花很引人注目

一、思路点拨

妙妙

老师，我记得在说明文里，有一种说明方法叫作分类别，它和分门别类法有什么区别吗？

神秘老师

当然有啦，分类别的说明方法针对的是某一种具体的说明对象，比如杨树、小狗、故宫等。

为了说明单一事物的全部特征，根据形状、性质、成因、功用等属性的不同，从多个角度说明；或者对同一类事物，根据以上属性归类说明。这叫作分类别。

奇奇

老师，您能举个例子吗？

神秘老师

比如说，我们写一篇关于槐树的文章。世界上槐树有很多种，比如刺槐、龙爪槐、红花槐、国槐等等。虽然都是同一种事物，但由于生长环境不同、花朵颜色不同、枝条叶片形态不同，就需要分类别去说明。

妙妙

原来是这样,分门别类法针对的是多种说明对象。

神秘老师

没错。而且分门别类法不光可以用在说明文里,用在叙事文、抒情文里,都是可以的。

比如说,我们要写一篇描写颐和园风景的文章。颐和园非常大,里面有很多植物,柳树、槐树、桃树、梅树等,此外,还有湖泊和假山。这么多事物组成了颐和园的美景。所以写的时候就要根据事物的属性,先分类,再描写。

奇奇

这么看来,分门别类法的应用范围比分类别大多了。

二、技法指导

神秘老师

运用分门别类法描写事物,有以下几个作用:

1. 区分类别,让读者更容易把握每一种事物的特点。
2. 和描写顺序相配合,让文章更有条理。
3. 让描写的事物主次分明,详略得当。

奇奇

那么在作文里运用分门别类法的时候，有什么具体的方法吗？

神秘老师

分门别类法没有具体的要求和方法，只要根据事物的属性划分类别就可以了。不过在分类的时候会有三种情况，我们把这三种情况命名为一级分类、逐级分类和多级分类。

一级分类指的是只根据一种属性分类。

像我们刚才说的描写颐和园的景物，把景物划分成植物、山石、池塘、鸟类等，就是根据事物种类属性划分的。

妙妙

那么逐级分类是什么意思呢？

神秘老师

假如让你们写一篇关于植物花朵的说明文，你们打算怎么写？

奇奇

我会写不同的花，比如梅花、桃花、杏花、梨花等。

妙妙

然后呢？

奇奇

文章就结束了呀!

妙妙

我和你的思路不同,我会先按照植物种类分成不同的花,比如梅花、桃花、杏花、梨花。然后再将每种花按颜色分类,比如梅花有白色的,有红色的,有粉色的。

神秘老师

你们说的都没问题。奇奇只根据植物种类给花分类,这属于一级分类。而妙妙在一级分类后,又按照花的颜色分类,这叫逐级分类。也就是说,**一级一级地往下分类就是逐级分类**。

奇奇

那多级分类是什么意思呢?

神秘老师

多级分类又叫多角度分类。同样以刚才的题目为例,我们先根据植物种类分类,描写梅花、桃花、杏花和梨花;然后再根据花瓣数分类,描写五瓣花和六瓣花;还可以根据花的颜色分类,描写红花、白花和粉花。这就是多级分类。多级分类比较复杂,我们只掌握一级分类就可以啦。

写作练笔

通过今天的学习，你们掌握分门别类描写植物的方法了吗？拿起笔，动手试一试吧！

1. 仔细观察小区或公园的绿化带，看看有哪些不同种类的植物。
2. 试着用分门别类法描写这些植物。

老师/家长点评

腊 叶

▲鲁 迅

灯下看《雁门集》，忽然翻出一片压干的枫叶来。

这使我记起去年的深秋。繁霜夜降，木叶多半凋零，庭前的一株小小的枫树也变成红色了。我曾绕树徘徊，细看叶片的颜色，当他青葱的时候是从没有这么注意的。他也并非全树通红，最多的是浅绛，有几片则在绯红地上，还带着几团浓绿。一片独有一点蛀孔，镶着乌黑的花边，在红、黄和绿的斑驳中，明眸似的向人凝视。我自念：这是病叶呵！便将他摘了下来，夹在刚才买到的《雁门集》里。大概是愿使这将坠的被蚀而斑斓的颜色，暂得保存，不即与群叶一同飘散罢。

但今夜他却黄蜡似的躺在我的眼前，那眸子也不复似去年一般灼灼。假使再过几年，旧时的颜色在我记忆中消去，怕连我也不知道他何以夹在书里面的原因了。将坠的病叶的斑斓，似乎也只能在极短时中相对，更何况是葱郁的呢。看看窗外，很能耐寒的树木也早经秃尽了；枫树更何消说得。当深秋时，想来也许有和这去年的模样相似的病叶的罢，但可惜我今年竟没有赏玩秋树的余闲。

名家写作课

神秘老师 **妙妙** **奇奇**

同学们，前面我们学过了借物抒情、托物言志等好几种借助事物抒发情感的写作方法，在托物言志中，有一种特殊的方法，叫作拟物法，意思是把自己当作描写的事物来写的方法。

把自己当作物来写，这种方法听起来还挺新奇的！

这种方法似乎很容易写，有点像自我介绍。

确实有点像。接下来我们通过鲁迅先生的《腊叶》来看看什么是拟物法吧！为了方便大家理解，我先介绍一下这篇文章的写作背景。当时是19世纪20年代，鲁迅作为无产阶级战士，用笔讨伐敌人，是坚定的革命者。由于长时间参加革命活动，身体生病，过度疲劳，于是朋友们劝说他休息。就是在这种情况下，鲁迅写下了这篇文章。

这篇文章有三个段落，第一自然段只是开头。主要内容在第二自然段和第三自然段。第二自然段写的是去年鲁迅发现腊叶，第三自然段写的是腊叶现在的样子。

205

第二自然段详细描写了作者是如何发现腊叶的。当时正值深秋，树叶都变红或者发黄，在这些树叶中有一片"有一点蛀孔，镶着乌黑的花边"，很明显是生病的树叶，虽然有病，但给作者的感觉是"明眸似的向人凝视"，说明树叶的生命力还很旺盛。

接下来，第三自然段写的是腊叶如今的状况。"黄蜡似的躺在我的眼前"说明叶子完全干了，比去年还要差。去年虽然有"蛀孔""乌黑的花边"，但至少它还挂在树上，有生命力。而如今却是蜡黄的。另外，"眸子也不复似去年一般灼灼"说明虽然作者把腊叶保存起来，但保存却让它的生命力消逝了。反倒不如那些飘零的树叶，和秋风战斗到底。

我好像明白一点了，作者表面上写腊叶，其实写的是自己。刚才老师说，鲁迅先生写这篇文章的时候，由于身体生病，被朋友们劝说休息。这不就像是作者把和秋风战斗的树叶摘下来，保存起来吗？

正是这样。第二自然段最后一句话写的就是这个意思，"群叶一同飘散"指的是革命者把自己的生命献给战斗的事业，"将坠的被蚀而斑斓的颜色，暂得保存"指的是在朋友们的劝说下鲁迅休息保重身体。

然而作者回想去年腊叶在树上的样子，与今年的样子对比，得出了这样的结论："将坠的病叶的斑斓，似乎也只能在极短时中相对，更何况是葱郁的呢。"一方面是以斑斓的病叶，象征自己饱经风霜而病弱的生命，感叹任何人都无法逃避生命的消逝；另一方面也是委婉曲折地表达对同志和亲人劝告他保重身体的谢绝之意，表达了一种生命不息、战斗不止的献身精神。

看全篇虽然都是在写腊叶，其实写的都是鲁迅先生自己。他是把腊叶写成了自己，不对，应该说把自己写成了腊叶。

这就是拟物法，通过巧妙的比拟，形象而含蓄地表达了自己的情感。让我们最后总结全文的思路吧！

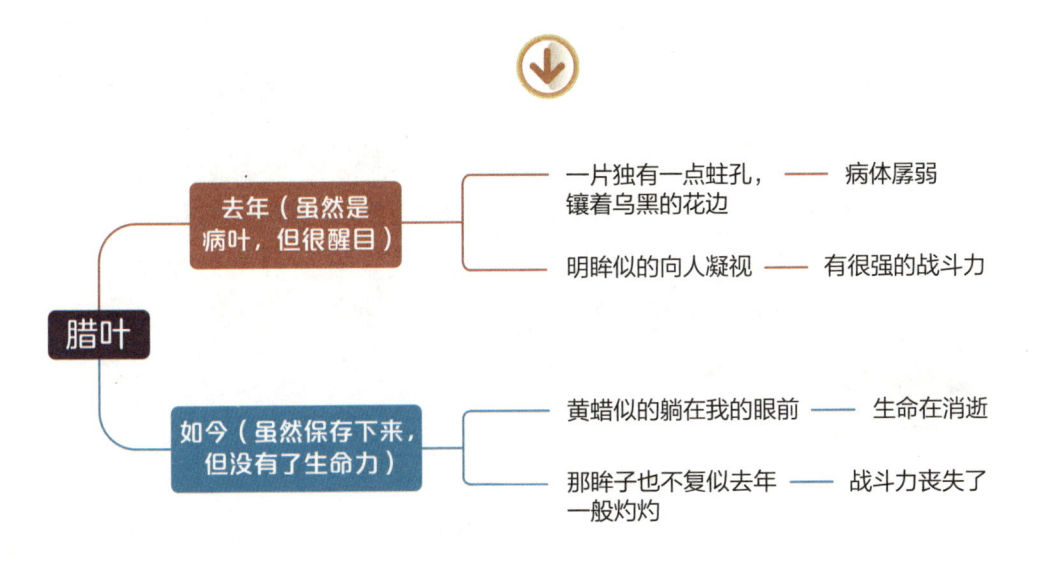

腊叶
- 去年（虽然是病叶，但很醒目）
  - 一片独有一点蛀孔，镶着乌黑的花边 —— 病体孱弱
  - 明眸似的向人凝视 —— 有很强的战斗力
- 如今（虽然保存下来，但没有了生命力）
  - 黄蜡似的躺在我的眼前 —— 生命在消逝
  - 那眸子也不复似去年一般灼灼 —— 战斗力丧失了

一、思路点拨

神秘老师

其实拟物也是一种特殊的修辞手法。

妙妙

我只听说过拟人，也就是把某个物体当作人来写，但从没听说过拟物。

奇奇

既然拟人是把物当作人来写，那拟物就是把人当作物来写啦！

神秘老师

奇奇解释的没错。把人当作物，或把此物当作彼物来写的修辞方式，叫作拟物。实际上，拟物的修辞和拟人类似，主要是增强语言的生动性和形象性，使读者能够更好地理解和感受作者想要表达的内容。

妙妙

通过《腊叶》这篇文章，我感受到了拟物的好处。如果鲁迅先生不运用拟物的写法，直接说"我病了，在家里休养非常不好，我想去工作"，就完全成不了一篇文章了。

奇奇

我也这么觉得。而运用了拟物，不仅委婉地表达了对同志亲人劝告他保重身体的盛情的谢绝之意，还表达了一种奋斗不息、战斗不止的献身精神。

神秘老师

看来这段时间的学习没有白费，大家不仅理解能力提高了，也有了鉴赏水平。在刻画人物的时候，拟物用得比较多，常常会让人物一下子就生动起来，形象而又含蓄地展示出人物的性格特点。不过这需要一些技巧。

二、技法指导

奇奇

老师，拟物法有什么技巧呀？快教给我吧！

神秘老师

拟物法通常分成三种情况：

1. 把人当作物。
2. 把甲物当作乙物。
3. 把抽象概念当作具体事物。

奇奇

那具体应该怎么写呢?

神秘老师

我们逐一来分析。

1. 把人当作物。

这个很简单,就是把物体的特点加到人的身上去写。举个例子,把"荷叶在水面摇动"和人的动作结合起来,奇奇,你打算怎么写?

奇奇

我会这么写:

今天考试成绩还不错。放学经过池塘边,我看到荷花穿着一身洁白的衣裳迎风摇摆。我深深地陶醉了。此时的我仿佛也变成了一朵荷花,这朵荷花情不自禁地随着风左摇一下,右摆一下。

神秘老师

很好。人走路的时候,一般不会左右摇摆,那样会摔倒,这里借用了荷花的动作形态,把内心的喜悦之情写了出来,是个不错的拟物范例。

2. 把甲物当作乙物。

第二种情况,是把两个事物之间的相同点联系起来,把一个事物当作另一个事物来写。我来举个例子吧:

落叶在树丛中轻盈地飞舞，寻觅着开在秋天的花朵。

落叶是一种物，蝴蝶也是一种物。这里把落叶比拟成飞舞的蝴蝶，是一种典型的拟物。

妙妙

3. 把抽象概念当作具体事物。

第三种我知道，在作文里经常使用，比如我们以梦想、勇敢等为话题写作文时，开头经常这么写：

梦想插上翅膀，在广阔的天空中展翅高飞……

以前我以为这句话运用的修辞手法是比喻，实际上是拟物。梦想和鸟之间没有什么相似点，不存在比喻的关系。梦想是抽象的概念，而鸟是具体的事物，把抽象概念当作具体事物，是拟物手法的其中一种类型。

神秘老师

妙妙举的这个例子太棒了！看来大家已经明白拟物的三种用法了。

写作练笔

同学们，通过《腊叶》的学习，你们掌握拟物的修辞手法了吗？快拿起笔，动手写一写吧！

1. 选取一种自己喜欢的植物。
2. 试着用拟物的手法把自己当作这种植物来写。

老师/家长点评